KB071616

청소년을 위한

기업가 정신과 진로·창업역량 개발

벤처스타 김세광·현순안 공저

VENTURE STAR

학지사

프롤로그

대부분의 두려움은 일어나지 않은 미래에 대한 것입니다. 예측할 수 없는 미래를 막연함으로 남겨 두어 계속 불안함 속에 살아갈 것인지, 아니면 앞으로의 시간을 예측하여 보다 안정감 있는 상태의 삶을 살아갈 것인지는 개인의 선택에 달려 있습니다. 미래는 과거와 현재의 결과물이기 때문에 미래를 예견해 볼 수 있고 앞으로 펼쳐질 시간을 주도적으로 구성해 나갈 수 있습니다.

청소년기의 삶은 현재와 미래의 경계선에 있습니다. 청소년기는 한마디로 '혼돈'이라고 볼 수 있습니다. 청소년기의 일반적인 흔들림을 극복하려면 다양한 경험이 필요합니다. 이를 위해 가정과 학교, 국가가 다양한 활동을 펼치고 있습니다. 성취포상제, 창의적 체험활동, 자유학기제, 인성중심 교육 등이 여러 분야에서 실시되고 있습니다. 무엇보다 이들의 앞길을 지지해 주고 진정한 자기 발견과 행복을 돕기 위한 진로지도의 중요성이 강조되고 있습니다.

이러한 시점에서 청소년들의 행복한 삶을 위한 진로지도의 방향은 어디를 향하고 있습니까? 대부분의 진로지도에서는 사회적 인정을 받기 위한 방법을 알려 줍니다. 경제적인 안정을 얻을 만한 직장에 취업하거나, 공무원이 되거나, 대학입시보다 더 경쟁률이 높은 대기업에 취직하기 위한 스펙을 쌓는 방법을 알려 줍니다. 이러한 방식이 진정한 청소년들의 행복을 위한 진로지도일까요? 바른 진로의 방향을 제시해 줄 수 있는 가이드가 필요합니다.

청소년기에 성인들에게서 많이 받는 질문 중 하나는 "너 커서 뭐가 될 거니?"입니다. 무슨 일을 하고 싶은지, 꿈이 무엇인지, 목적이 무엇인지 가족과 교사뿐만 아니라 청소년을 둘러싼 사회의 여러 구성원은 질문을 던집니다. 이는 청소년이 가지고 싶은 구체적인 직업이 궁금한 것인지, 청소년 자신이 잠재력을 발휘할 수 있는 자기만의 길을 가는 것에 관심을 가지고 질문하는 것인지 알 수 없습니다. '진로'는 말 그대로 앞으로 나아갈 길'이라는 뜻이고, 그것을 지도하는 것이 '진로지도'입니다. 그리고 지도(指導)는 목적이나 방향으로 누군가를 이끌어 낸다는 점에서 '대상'의 나아갈 길을 모색해 본다는 의미입니다. 스펙 쌓기나 사회의 인식에 부응하는 진로 찾기가 아닌, 진로에 대한 궁극적인 의미에 바탕을 둔 진로교육이 필요합니다.

이러한 필요성을 인식했을 때, 한국청소년정책연구원의 2014 연구보고서 「청소년 기업가 정신 함양 및 창업 활성화 방안 연구 Ⅰ」 중에서 '청소년 기업가 정신과 창업역량 함양 프로그램 개발'의 내용을 집필하게 되었습니다. 그 과정에서 '청소년 기업가 정신'의 개념이 앞서 논의한 '진로'의 바른 의미를 제시해 주고 있다는 것을 알게 되었습니다.

청소년 기업가 정신은 '청소년이 현재 보유하고 있는 자원이나 능력에 구애받지 않고, 주어진 기회를 적극적으로 포착하여 자신의 목표를 추구하는 사고방식과 행동양식이며, 실천을 위해 청소년 자신의 잠재력을 발견하고 전인적인 성장을 이루도록 이끌어 줄 수 있는 정신'입니다.

참된 진로교육의 방향은 청소년이 보유한 잠재력을 발휘할 수 있도록 기회를 제공하는 활동이라고 봅니다. 그리고 이를 실천할 수 있는 가치를 충분히 담고 있는 개념이 '기업가 정신'입니다.

이 책은 청소년이라 명할 수 있는 연령(9~24세)에 속하고 도전정신과 실천력을 기르기 원하는 이들에게 필요합니다. 특히 중학생부터 대학교 재학생까지의 연령에 적합합니다. 해당되는 연령의 범위가 넓어 보이지만, 청소년 기업가 정신의 원리는 동일하게 적용 가능하기 때문입니다. 이들의 균형 있는 성장과 자기주도력 향상을 원하는 교사들과 청소년 지도자들, 대학 재학 후기청소년들의 진로지도를 담당하고 계신 분들에게 이 책이 지침이 되기를 희망합니다. 특히 자유학기제, 진로지도 프로그램, 대안학교의 진로교육, 대학생들의 창업역량 개발을 위한 교과과정에 적용될 수 있습니다.

입시 경쟁에서 살아남은 대학생들은 대학 진학에 성공했고 성인이 되었으니 이제는 더 이상 관심의 대상이 되지 못하는 경우가 많습니다. 하지만 대학을 졸업해도 정규직이 되기 힘들고, 대다수는 비정규직으로 살아가게 됩니다. 우리 사회에 대학을 졸업한 학생들이 안정적으로 취업할 수 있는 일자리가 부족한 것이 사실입니다. 그냥 '아프니까 청춘이다'를 외치며, 이 사회에 순응할 수밖에 없는 대학생들은 스펙 쌓기와 대학등록금을 위해 힘겨운 삶을 살아가고 있습니다. 그들 스스로 삶의 문제를 해결할 수 있는 역량이 필요하다고 봅니다. 이 책에서 제시한 벤처스타 프로그램이 대학생들의 직무역량을 개발시켜 줄 것입니다.

2014년에 '청소년 기업가 정신과 창업역량 함양 프로그램 개발'에 관한 이론과 12회기의 주제를 선정하였지만 구슬이 보배가 되기 위해서는 꿰어 매는 작업이 필요합니다. 2015년 1학기부터 각 회기별 프로그램을 구체적으로 구성하고자 현순안 선생님과 공동 작업에 들어가게 되었습니다. 2015~2017년에 실제로 수업을 진행하면서 부족한 부분과 학습자들에게 필요한 부분을 채우는 과정을 거쳐 『청소년을 위한 기업가 정신과 진로·창업역량 개발: 벤처스타』가 나오게 되었습니다.

이후 청소년자치연구소에서 실시한 청소년이 상상하는 행복한 마을 포럼에서 청소년 기업가 정신에 대하여 소개하였고, 『청소년이 상상하는 행복한 마을』 속에 경제영역으로 벤처스타 프로그램이 소개되었습니다. 기업가 정신 개발 과정이 청소년들에게 의미 있음을 다시금 알게 해 준 청소년자치연구소 달그락 청소년들에게 감사의 마음을 전합니다.

청소년의 기업가 정신과 창업역량 개발을 위한 열두 번의 만남을 통해 별처럼 빛나는 도전정신의 최강자 '벤처스타'로 성장하기를 기대합니다. 또한 이 책이 진로탐색과 창업을 위한 역량 개발이 필요한 청소년들에게 가이드가 되어 주는 어드벤처 여행이 되기를 원합니다.

청소년들의 진로(進路: 앞으로 나아갈 길)에 작은 빛이 되기를 바라는 마음에 힘을 실어 주신 학지사 김진환 사장님과 편집으로 수고해 주신 황미나 선생님에게 감사의 마음을 전합니다.

오륙도가 보이는 연구실에서
대표 저자 김세광

차
례

청소년 기업가 정신 & 창업역량 개발의 원리

벤처스타 프로그램

PART 1

청소년 기업가 정신 & 창업역량 개발의 원리

PART 1의 내용은 한국청소년정책연구원 2014년 보고서(오해섭 외) "청소년 기업가정신 함양 및 창업 활성화 방안 연구 Ⅰ"–청소년 기업가정신과 창업역량 함양 프로그램 개발 (pp. 224–240)에서 저자가 집필한 내용을 수정·보완하였음.

들어가며

전 세계 교육은 '기업가 정신의 교육'이 대세이다. EU의 오슬로 아젠다(2006)에 의하면 전 유럽 국가의 기업가 정신 의무교육을 실시할 것을 권유하고 있다. 유럽 국가의 3분의 2가량이 초등교육 단계에서 공식적으로 기업가 정신 교육을 인정하고 있는 실정이다. 특히 스웨덴, 핀란드, 덴마크, 노르웨이 등 경쟁력 최상의 국가들은 초·중·고부터 기업가 정신을 의무적으로 교육하고 있다. WEF(세계경제포럼)는 모든 국가에서 기업가 정신교육을 의무화할 것을 권고하였다(이민화, 2013: 18; 한문성 외, 2010: 55-70, 87).

기업가 정신의 교육이 세계적인 교육 추세이기는 하지만 국내에서의 실행은 아직 초보 단계이다. 기업가 정신 및 창업활성화 정책에 있어 국내 창업지원정책은 교육, 자금지원, 멘토링 및 창업보육, 패자부활에 이르기까지 전 영역에 걸쳐 갖추어져 있으나, 실효성이나 질적인 측면의 개선이 필요하다. 초·중·고 대상 기업가 정신 및 창업교육은 전무한 실정이며, LINC(산학협력 선도대학)사업 등을 통해 대학은 이제 시작단계이다. 유럽국가가 초등교육 단계에서 기업가 정신 교육을 실시하고 있는 것에 비하면, 국내는 교육의 실시를 위한 '기업가 정신'에 대한 인식 전환, 즉 패러다임에 대한 공유가 필요하다.

과학기술연구원의 2012년 정책연구를 보면, 청년 창업 지원정책 창업 교육 멘토링 시스템을 구축하고 창업영재교실 운영과 초·중·고 정규교과목 및 방과 후 프로그램에 대하여 정책을 제안하였다(이윤준 외, 2012: 10).

미래창조과학부의 2014년 5월 21일 보도 자료에 따르면, 대학별 수요 조사(4. 16.~4. 21.) 및 한국청년기업가정신재단·정보통신산업진흥원 (NIPA) 등 관계기관과 협의를 거쳐, 한국산업기술대학교(5. 23.~5. 25.)를 시작으로 전국 37개 센터 대상 기업가 정신 교육 프로그램을 신설·운영 (센터별로 25~50명 교육)한다고 밝혔다. 2014년도에는 카우프만(Kauffman) 재단[1](미국)의 PEV(Planning the Entrepreneurial Venture)를 우선 활용하여 교 육을 실시하고, 향후 카이스트(KAIST)를 비롯한 지역별 과학특성화대학의 국 내 기업가 정신 교육 프로그램과도 연계를 검토할 예정이다.

지금까지 기업가 정신 교육 체계를 국내외적으로 비교해 보면, 국내의 경 우 전반적으로 초·중·고 대상 기업가 정신 교육은 아직 미흡한 실정이다. 고등학교 교육에서 부분적으로 창업 및 기업경영에 대한 교육을 받고 있을 뿐이며, 학교 영역 내의 '비즈니스' '창업' '기업가 정신' 교육 영역은 중소기업 벤처부의 '비즈쿨(Bizcool: Business School)' 사업이 유일하다. 지금의 상황에 서 기업가 정신에 대한 국제적 관심과 실행을 우리나라의 상황에 맞춘 프로 그램이 필요하다(벤처스퀘어 홈페이지). 이와 같이 청소년을 대상으로 한 기업 가 정신과 창업역량을 함양시키기 위한 목적으로 구조화된 프로그램은 일부 단체에서만 실시되고 있고, 실시되고 있다고 하더라도 경제교육이나 진로교 육의 차원을 벗어나지 못하는 경우가 많다. 국내에서는 동그라미 재단, 카이 스트 등에서 '기업가 정신 프로그램'을 실시하고 있지만, 영재교육을 위한 과 정이나 공모전에 입상한 작품들 위주이기 때문에 일관성이나 접근성이 떨어 진다. 이러한 청소년 기업가 정신 교육이나 프로그램의 양상은 청소년의 기 업가 정신과 창업역량을 향상시킬 수 있는 구체적인 실천 프로그램이 필요함

---

1) 카우프만 재단: 1966년에 설립(2012년 총 자산 2.5조 원)되어, 창업 초기 기업 및 대학생, 청소년 등 을 위한 기업가 정신 교육 프로그램을 운영하는 대표적 비영리기관(1993년부터 약 30만 명 교육)

을 보여 준다.

이 책은 청소년의 기업가 정신과 창업역량에 관련된 이론과 자료를 분석하고, 국외와 국내에서 실시되고 있는 기업가 정신과 관련된 청소년 프로그램의 사례를 바탕으로 하여 청소년을 위한 기업가 정신 및 창업역량 프로그램으로 구성하였다. 경제교육이나 실무적인 창업과 관련된 프로그램보다는 청소년을 위한 프로그램이기 때문에 청소년들의 인격적인 발달을 돕고 전인적인 성장을 이루기 위해 초점을 맞추었다. 또한 청소년에게 요구되는 도전정신과 자기주도성의 향상을 위해 다양하고 창의적인 교육방법을 적용한 프로그램으로 개발하였다.

청소년의 기업가 정신 및 창업역량 함양을 위한 프로그램을 개발하는 연구로서 다음과 같은 목적을 가지고 있다.

- 청소년의 발달 단계에 요구되는 도전정신과 전인적인 성품을 함양할 수 있는 기업가 정신 프로그램을 개발한다.
- 청소년을 위한 효과적인 교육방법 적용을 위해 체험적 · 실천적 프로그램을 개발한다.
- 청소년 기업가 정신 및 창업역량 개발을 위한 프로그램을 공교육과 청소년단체 등 관련 기관과 연계하고 여기에 필요한 프로그램 매뉴얼을 제공한다.

청소년 기업가 정신 & 창업역량 함양 프로그램의 개발 절차

이 프로그램의 개발 절차는 프로그램 개발 모형 중 분(Boone, 1985)의 프로그램 개발 개념을 활용하였다. 이 모형은 프로그램 개발의 영역을 프로그램 기획(program planning), 프로그램 설계(program design), 프로그램 실행(program implementation), 프로그램 평가와 보고(program evaluation & accountability) 등 네 개의 범위로 설정하고 있다(김진화, 2009: 141-142에서 재인용). 이 프로그램은 Boone의 모형에 제시된 네 단계의 절차 중 프로그램 기획과 설계 단계에 초점을 맞추어 개발되었다.

청소년 기업가 정신 및 창업역량 함양 프로그램 개발을 위한 과정 및 추진 방향은 다음과 같다.

1. 프로그램 기획

'청소년, 기업가 정신, 창업역량'과 관련된 이론을 정리하고 국내외 사례연구와 자료조사를 실시하였다. 특히 미국(카우프만 재단)과 유럽 사례 및 동그라미 재단, 비즈쿨, 카이스트 등 국내의 모범 사례를 분석해 보았다.

또한 기업가, 청소년창업교육 담당자, 기업교육 담당자 등 현장교육 담당자의 자문을 통해 프로그램에 반영할 내용을 유추해 보았다.

2. 프로그램 설계

청소년 기업가 정신 및 창업역량 함양을 내용으로 하는 프로그램을 구성하였다. 프로그램의 내용은 이론적인 접근을 통해 분석한 자료와 사례분석, 현장교육 담당자의 자문과 청소년의 전인성 개발에 중점을 두었다.

이렇게 구성한 프로그램 내용을 토대로 적합한 교육과정을 개발하고, 프로그램 지도방법 및 운영 설계안을 정리해 보았다.

3. 프로그램 실행

청소년 기업가 정신 및 창업역량 함양을 위한 프로그램은 프로그램 개발후 실행해 볼 예정이다. 이 과정을 통해 프로그램 실행 전 단계를 평가하여 프로그램을 수정할 계획이다.

4. 프로그램 평가와 보고

프로그램 내용과 실행에 대한 평가를 실시한다. 실행 단계에서 얻은 전문가 자문과 실행에 대한 평가를 토대로 점검하여 수정한다. 이를 통해 프로그램 연계 방안을 새롭게 모색해 볼 수 있다. 이 프로그램 개발에 대한 전체적인 진행 과정은 [그림 1]과 같다.

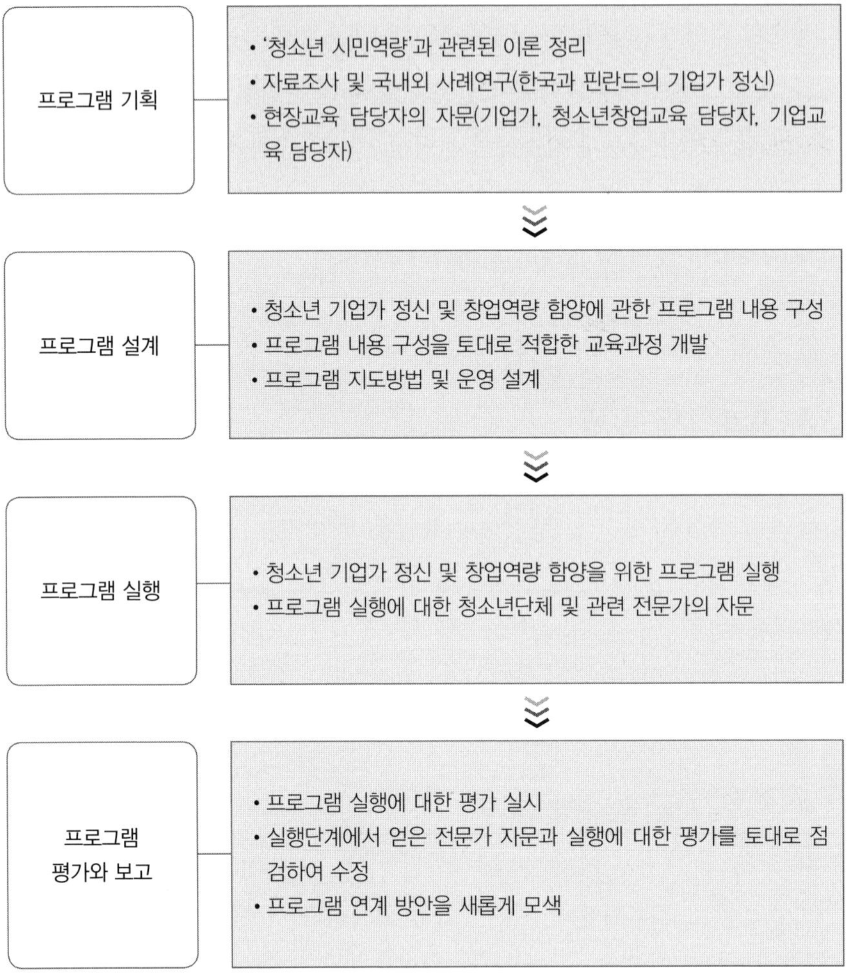

프로그램 기획	• '청소년 시민역량'과 관련된 이론 정리 • 자료조사 및 국내외 사례연구(한국과 핀란드의 기업가 정신) • 현장교육 담당자의 자문(기업가, 청소년창업교육 담당자, 기업교육 담당자)

⋙

프로그램 설계	• 청소년 기업가 정신 및 창업역량 함양에 관한 프로그램 내용 구성 • 프로그램 내용 구성을 토대로 적합한 교육과정 개발 • 프로그램 지도방법 및 운영 설계

⋙

프로그램 실행	• 청소년 기업가 정신 및 창업역량 함양을 위한 프로그램 실행 • 프로그램 실행에 대한 청소년단체 및 관련 전문가의 자문

⋙

프로그램 평가와 보고	• 프로그램 실행에 대한 평가 실시 • 실행단계에서 얻은 전문가 자문과 실행에 대한 평가를 토대로 점검하여 수정 • 프로그램 연계 방안을 새롭게 모색

[그림 1] '청소년 기업가 정신 및 창업역량 개발'을 위한 프로그램 개발 과정

청소년 기업가 정신 & 창업역량 함양 프로그램의 원리

1. 청소년 기업가 정신

미국의 실리콘 밸리나 핀란드에서는 '기업가는 탄생하는 것이 아니라 교육을 통해 양성된다.'는 철학에 기초하여 계획적으로 혁신 기업가를 양성하고 있다. 이것은 기업가 정신 교육이 학생들은 물론 청소년들의 도전정신과 진취적인 기업가 정신을 함양하는 데 큰 도움을 주고 있다는 것을 보여 준다(창업진흥원, 2009: 74).

기업가 정신에 대한 정의는 학자마다 다양하게 논의되고 있다. 그중 기업가 정신은 인간의 창조적 행동으로 무에서 유를 창조하는 것이며, 동시에 '계산된 위험(calculated risk)'을 감수한다는 의미를 내포하는 정의도 있다. 이러한 개념들을 바탕으로 기업가 정신은 "현재 보유하고 있는 자원이나 능력에 구애받지 않고, 기회를 적극적으로 포착하여 자신의 목표를 추구하는 사고방식과 행동양식"이라고 정리해 볼 수 있다(배종태, 차민석, 2009a: 113-114).

무엇보다 이 같은 정의는 청소년들이 다양한 영역에서 발생하는 기회를 발견하고 적극적으로 이용할 수 있는 기업가 정신의 실천적인 측면을 강조하고 있다. 이러한 개념의 바탕 위에 청소년 기업가 정신에 대하여 재정리해 보면 "청소년이 현재 보유하고 있는 자원이나 능력에 구애받지 않고, 주어진 기회를 적극적으로 포착하여 자신의 목표를 추구하는 사고방식과 행동양식이며, 실천을 위해 청소년 자신의 잠재력을 발견하고 전인적인 성장을 이루도록 이끌어 줄 수 있는 정신"

과 같다고 할 수 있다.

　미국 및 유럽의 주요 국가들은 기업가 정신 교육을 초·중·고등학교 수준에서 다루고 있으며, 몇몇 국가에서는 기업가 정신 교육을 초·중·고등학교의 의무교육 과목으로 지정하여 교육하고 있다. 초·중·고 교육과정은 대학 및 대학원, 직업교육과 지속적으로 연계성을 가지도록 운영되고 있다. 창업이나 고용으로 연계될 수 있도록 시스템의 유기성을 유지하고 있는 것이다(이현숙, 2013: 32). [그림 2]를 보면 해외 주요국의 기업가 정신 교육 시스템의 구성에서 초등교육과 중·고등교육이 주요한 축을 형성하고 있음을 알 수 있다. 이는 현재 우리나라의 청소년 기업가 정신 교육에서 초등교육과 중·고등교육의 축을 구축해야 하는 시점이라는 것을 시사하고 있다.

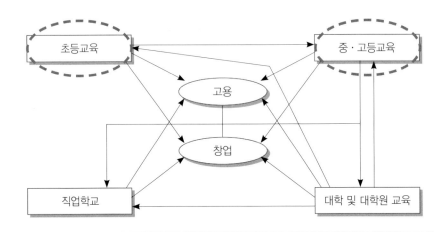

[그림 2] 해외 주요국의 기업가 정신 교육 시스템의 구성

출처: 이현숙(2013: 32).

2. 우리나라 청소년 기업가 정신 프로그램 실시 현황

청소년 기업가 정신 프로그램이 더욱 다양화되고 보편화될 필요성을 앞서 논하였다. 우리나라 청소년 기업가 정신 프로그램은 여러 단체에서 시도하고 있고 긍정적인 사례도 볼 수 있다. 국외와 국내 청소년 기업가 정신에 대한 비교 연구와 국외 기업가 정신 교육에 대한 보고 연구는 많은 반면, 국내 프로그램에 대한 분석은 미비한 실정이다. 이 프로그램은 국내에서 실시될 청소년 기업가 정신 및 창업역량 함양 프로그램이므로, 현재 국내에서 활발하게 진행되고 있는 대표적인 단체를 중심으로 현황을 살펴본 후 그것을 통해 얻게 된 시사점을 이 책에 반영하고자 한다.

1) 비즈쿨

비즈쿨은 국내 유일의 청소년 창업교육 프로그램이다. 청소년 비즈쿨에서 비즈쿨은 Business와 School의 합성어이다. 초등학생, 중학생, 고등학생을 대상으로 기업가 정신과 창업체험교육을 통해 미래 CEO를 양성하는 창업 프로그램이다.

작년 기준으로 135개 초·중·고교, 약 13만 명 학생들이 참여하였다. 2002년 처음 개설된 이래 비즈쿨 프로그램을 통해 창업이나 대학 진학 등의 진로를 연 사례가 많다.

평소 앱 제작에 관심이 많았던 전우성 학생(18세)은 디지털미디어고등학교에 진학한 후 비즈쿨 교사의 권유로 창업에 도전할 수 있는 용기와 자신감, 창업노하우 등을 익혔다고 말하였고, 미래 컨벤션 사업 CEO를 꿈꾸던 대구 관광고등학교 출신 김상훈 씨(19세)도 자신의 꿈을 키우는 데 비즈쿨이 결정

적인 역할을 하였다고 말하였다. 또 동아마이스터고등학교 김진필 학생(18세)
과 익산고등학교 김영미 학생(19세)도 눈에 띄는 '비즈쿨 CEO 키즈'로서 비즈
쿨 교육이 졸업 후 취업에 도움을 준 대표적인 사례라 할 수 있겠다(중소기업
청, 2014).

2) 동그라미 재단[2]

동그라미 재단은 청소년 교육의 시대적 요구는 진로교육이라고 여기고 청
소년들에게 '일과 직업에 대한 새로운 가치관'이 필요하다고 생각하여, 기업
가 정신(entrepreneurship) 교육을 통하여 청소년의 진로탐색을 돕고자 하는
단체이다. 청소년에게 기업가 정신 교육이란 자신의 꿈을 이루기 위하여 자
신만의 새로운 진로를 개척하겠다는 용기와 결심, 그리고 이것을 지금 가능
한 것부터 하나하나 구체적으로 시도해 보는 현실적인 실천력, 그리고 실패
에서 교훈을 얻어 한 걸음 더 나아가는 지혜와 불굴의 의지력 등을 배우고 연
습하도록 하는 것이다. 청소년들은 이를 통하여 자신의 꿈이 곧 자신의 일이
된다는 것, 즉 '꿈=일'이라는 것을 배우게 될 것이다. 동그라미 재단은 매년
'ㄱ' 찾기 프로젝트 공모사업을 통해 다양한 기업가 정신과 창업에 대한 프로
그램을 공모하고 당선된 작품을 공개하고 있다.

3) IP 카이스트 영재교육원[3]

IP 카이스트 영재교육원은 MS 창업자인 빌 게이츠(Bill Gates), Google 공

---

2) 동그라미 재단 홈페이지(http://thecircle.or.kr/home).
3) IP 카이스트 영재교육원 홈페이지(http://ipceo.kaist.ac.kr/xe/about).

동 창업자인 세르게이 브린(Sergey Brin) 등과 같이 지식재산에 기반을 둔 창의적인 기업가'를 양성하는 것을 모토로 하고 있다. 기본적 학습역량과 영재기업인으로서의 자질을 갖춘 인재들이 국가 성장의 핵심인재로 성장할 수 있도록 차별화된 교육 및 지원 시스템을 제공하겠다는 비전으로 영재교육 차원의 창업교육을 실시하고 있다. 온라인 교육과 오프라인 토론 및 실제 프로젝트를 통한 미래 통찰력, 지식재산권, 기업가 정신, 인문학적 소양 학습이 그들의 교육내용이며 모든 교육 콘텐츠는 유튜브 채널에서 시청이 가능하다.

4) oeclap 앙트십 기업가 정신 교육 프로그램[4]

oeclap은 기업가 정신을 '앙트십(entship)'으로 명명하고 다음과 같은 원리를 바탕으로 교육을 진행하고 있다.

- 문제 속에서 기회를 발견하는 앙트십: 문제란 피해야 하는 것이 아니라 모든 변화는 문제에서 시작된다. oeclap의 앙트십 교육은 어떤 환경에서도 스스로 가치를 창조하고 문제를 해결할 수 있는 기업가 정신을 갖출 수 있도록 도와준다.
- 내 인생의 CEO로 살아가는 앙트십: 어떤 상황에서든 주인의식을 갖고 주어진 환경에서 가장 효율적인 결과를 만들어 내는 능력이 필요하다. 앙트십 교육은 누구나 자신의 인생을 자기 자신이 CEO로 살아갈 수 있도록 도와준다.
- 세상 속에서 해 보며 배우는 앙트십: 기회를 발견하고, 가치를 만들어 낼 수 있는 것은 직접 실행해 보면서 배우는 과정을 통해 가능하다. oeclap

---

4) oeclap 홈페이지(http://www.oeclab.com).

의 기업가 정신 교육은 기본적인 이론의 습득과 협동을 통한 프로젝트를 실행해 보면서 배울 수 있도록 구성되어 있다.

5) 시사점

비즈쿨, 동그라미 재단의 'ㄱ'자 찾기 프로젝트 공모전, IP 카이스트 영재교육원의 기업가 정신 프로그램 현황은 국내 청소년 기업가 정신 교육과 창업교육의 흐름이라고 파악할 수 있다. 먼저, 비즈쿨이 진행하는 창업교육에 2013년까지 13만 명의 학생들이 참여하였다는 것은 중소기업청(현재 중소벤처기업부) 등 국가기관과 정책이 세계적인 교육인 기업가 정신 교육과 프로그램의 저변 확대를 위한 밑거름이 되고 있다고 볼 수 있다.

동그라미 재단의 'ㄱ'자 찾기 프로젝트 공모전을 보면 다양한 청소년 프로그램과 교육을 실시하고 있는 단체를 파악할 수 있고, 프로그램이 공개되어 있어서 그들이 실시하고 있는 기업가 정신 프로그램이 무엇인지 알 수 있다. 그러나 프로젝트의 성격으로 구성된 프로그램이기 때문에 특별한 교육이나 이론 등이 밑받침되어야 교육이 가능한 프로그램들이 더러 있어서 일반적인 청소년지도사나 교사가 진행하기에는 무리인 경우가 있었다.

카이스트 영재교육원의 프로그램은 프로그램 자체보다 '영재'교육원이라는 느낌이 강한 단체로 각인되어 있다. 영재라고 판명받지 않았거나 자신을 영재라고 여기지 않는 일반 청소년들이 교육을 받기에는 문턱이 높다는 것이다.

oeclap의 앙트십 프로그램은 실제적인 현장 체험과 협동학습을 바탕으로 청소년 지도 원리에 가장 근접한 방식으로 진행하고 있으며, 중·고등학교 청소년들과 대학생, 일반인들의 발달 단계에 적합한 프로그램을 시도하고 있다. 하지만 기업가 정신 프로그램을 실시할 수 있는 인원의 한계로 인해 이 프로그램은 특정한 청소년들과 대학생, 일반인들에게 시행되고 있다.

이러한 시사점을 토대로 이 프로그램은 청소년지도자들이 기본적인 연수나 교육을 통해 진행할 수 있고, 일반적인 청소년들이 부담 없이 참여할 수 있는 프로그램으로 개발되어야 한다.

3. 청소년 기업가 정신 & 창업역량 함양 프로그램의 교육 방법

1) 체험적 학습

창업교육은 그 특성상 비정형적인 자유형의 교과과정에 기초하여, 흡수식 지식 획득이 아니라 개인의 의지와 행동에 기인한 체험적 학습방법으로 이루어져야 한다. 이뿐만 아니라 청소년 창업교육은 흥미도가 중요한 요소가 된다. 교육의 성과를 위해서 평가되어야 할 중요 요소이며, 참여 학생의 흥미도는 동기부여를 자극하기 때문에 창업교육 성과에 영향을 줄 수 있을 것이다 (강인애 외, 2011: 156, 159).

[그림 3]은 미국의 NTL(National Training Laboratories)이 출처로 되어 있는 학습 피라미드(learning pyramid)이다. '경험의 원추(cone of experience)'라고 하는 이 그림은 EBS에서 제작한 〈왜 대학에 가는가?〉라는 다큐멘터리에도 소개되어, 학습하는 방법이 바뀌어야 한다는 주장의 근거로 제시되었다. 이 그림에서 알 수 있듯이 학생이 능동적으로 참여하여 실제 행동으로 해 본 경험이 더 높은 학습효과를 가져다준다.

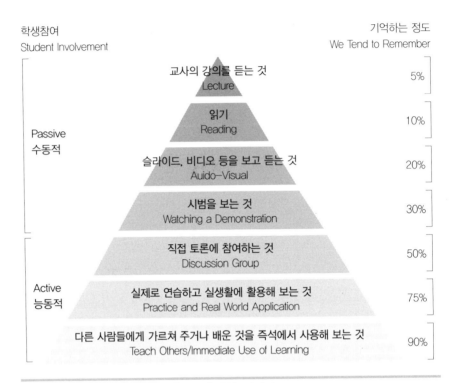

[그림 3] 학습 피라미드

출처: 심리학티스토리 홈페이지(http://simrihak.tistory.com/90).

    이러한 기업가 정신과 창업교육의 특성을 기반으로 할 때, 필요한 역량과 기술은 현실에 기반을 둔 실질적 사업기획력, 자기주도적이고 적극적이며 창의적으로 모든 일을 선택·결정해 나갈 수 있는 능력, 팀워크를 기반으로 다른 사람과 일을 진행할 수 있는 협동능력 등으로 정리해 볼 수 있다. 학습자들이 도전의식을 가지고 적극적으로 학습활동을 하기 위해서는 평가의 과정을 통해 우수한 사업발표를 한 팀에게 긍정적 보상을 주는 등 적당한 경쟁상황 속에서 체험적 학습을 할 수 있도록 해야 한다. 이 과정이 순조롭게 진행되기 위해서는 학습자들이 협력의 중요성에 대한 인식과 태도를 가져야 한다(강인애 외, 2011: 160, 171).

2) 자기주도적 학습

아마빌(Amabile, 1997)은 개인의 창의성과 혁신을 연계하여 개인적으로는 내적 동기유발, 과업 관련 기술과 창의적인 사고력이 요구되며 혁신에 대한 동기유발과 자원 및 혁신관리기술이 개인 및 조직의 혁신에 영향을 미친다고 하였다. 과업 환경적 요소들이 개인의 창의성에 영향을 준다고 하였는데, 창의성과 혁신에 대한 가치, 위험선호성, 할 수 있다는 구성원들의 믿음, 공격적인 전략, 능동적인 의사소통, 창의적 과업에 대한 인정과 보상 등을 혁신에 대한 동기부여의 주요 요소로 지적하기도 하였다. [그림 4]에서와 같이 개인지도의 방향이 창의성과 혁신의 가치를 직접 받아들이고 수용할 수 있는 기회를 만들고 제공해 주어야 한다는 측면에서 개인에 적합한 지도방법은 학습동기의 발현과도 매우 밀접한 관계를 가지고 있다(한국청소년개발원, 2004: 181-182에서 재인용).

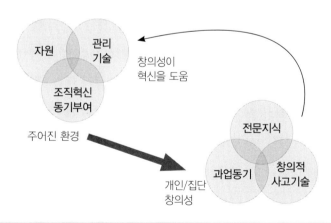

[그림 4] 창의성과 혁신의 구성요소 모델

출처: Amabile (1997: 53): 한국청소년개발원(2004: 182)에서 재인용.

3) 문제기반학습

창업과 기업가 정신 교육은 교육학적 측면에서 프로젝트 수행과 관련된 교육학적 이론에 기반을 둘 필요가 있다. 창업이나 기업가 정신 교육에 있어 교육학적 관점에서의 새로운 전략이 시도되어야 하며, 여기서 쌓은 역량을 바탕으로 한국의 독자적인 교육 프로그램 개발에 필요하기 때문이다(송정현의 기업가정신 세계일주 페이지).[5]

청소년을 대상으로 한 한국의 독자적인 기업가 정신과 창업역량 함양 프로그램의 개발을 위해 교육학적 이론인 문제기반학습을 제시하고자 한다.

(1) 문제기반학습의 개념

문제기반학습(Problem Based Learning: 이하 PBL)은 1950년대 중반에 맥마스터 의과대학에서 처음 시작된 교수학습 방법이다. 이후 경영, 교육, 인문학 등 다양한 분야에서 적용되었고, 대학뿐만 아니라 초·중등학교에서도 많은 연구가 이루어져 왔다. PBL은 실제적인 문제를 학습자 스스로 해결하는 과정을 통해 학습이 이루어지게 하는 학습자 중심의 교수학습 방법이다. 특히 21세기 사회에서는 고차원적 추론능력과 자기주도적 학습기능, 문제해결력 등이 요구된다. 지식의 구성과 학습자 중심의 학습을 강조하는 구성주의 패러다임과 접목되면서 많은 관심의 대상이 되었다(최정임, 2007: 36).

김기태(2012: 67-68)는 PBL의 설계 및 적용 사례연구에서 학습자 스스로 문제를 정의하고 자료를 수집하며 해결책을 제시하는 문제 기반 학습법의 목적과 효과를 다음과 같이 요약하였다.

---

5) 송정현의 기업가정신 세계일주 칼럼: '한국의 기업가 정신, 창업 교육 설계 및 평가에 대해'(http://wet-entrepreneur.tistory.com/593).

- 비구조화된 문제를 해결하는 과정에서 비판적이고 창의적인 고차원 (higher-order)의 사고를 하게 한다.

- 스스로 문제를 해결하는 과정에서 문제의 정의, 정보의 수집, 자료의 분석, 가설의 설정과 검증을 스스로 해 나가면서 학습하는 방법을 학습 (learning how to learn)하게 한다.

- 단순하게 알고 있는 지식을 적용하는 것에서 나아가 실제의 상황에 대한 평가와 이해가 가능해진다.

- 주어진 문제나 과제를 분석하여 그에 필요한 학습과제를 선정하고, 문제해결에 필요한 학습 자료를 찾아보고 그것의 적합성을 판단할 수 있는 능력을 키운다.

- 해당 분야의 전문지식을 교실의 범주를 벗어난 자신의 실제 생활과 연계하여 적용할 수 있는 능력을 향상시킨다.

- 동료 학생들과 팀을 이루어 조화롭게 학습해 나갈 수 있는 협력학습 능력, 자신이 속한 전문 분야에서 필요로 하는 전문 지식이나 기술을 적절하게 활용할 수 있는 능력 등을 배양시킨다.

최근에는 정보화기술의 발달로 인터넷을 활용한 e-PBL에 대한 연구도 활발히 이루어지고 있다. 일반적으로 PBL을 적용한 수업이 전통적인 수업에 비해 효과적이라고 보고하고 있다. 특히 PBL은 전통적인 학업 성취도뿐만 아니라 문제해결력, 창의력 등 고차원적인 인지능력을 기르는 데 유용한 방법이며, 긍정적인 학습태도 및 자기효능감, 자기주도적 학습능력을 기르는 데에도 효과가 있음이 증명되고 있다(최정임, 2007: 36).

(2) 문제기반학습의 절차

PBL의 형태와 절차는 PBL을 적용하는 대상과 기관의 특성, 학습목표, 교과 등에 따라 달라질 수 있다. 하지만 모든 PBL 활동을 위한 기본적인 원리가 있다. 이 원리는 초기 의과대학에서 활용한 PBL의 절차이며 PBL의 실행을 위한 공통적인 절차이다. 다음은 초기 PBL이 적용된 맥마스터 의과대학의 수업 진행 절차를 정리한 것이다(최정임, 장경원, 2010: 22-33).

① 문제제시

PBL의 첫 번째 단계는 해결해야 할 문제를 제시하는 것이다. 교수자는 수업에 사용할 문제를 미리 준비해서 학습자에게 제시한다. 이 문제는 학습자에게 학습을 위한 관련성과 동기를 제공하는데, 문제 이해를 위해 전공 영역에서 학습해야 할 사항이 무엇인지 알게 한다. 학습활동에 대한 주인의식과 책임감을 가질 수 있도록 문제는 실제로 경험할 수 있는 것을 제시해야 한다.

② 문제확인

문제가 제시된 후 문제가 무엇인지 확인하고, 해결안을 찾기 위한 방법을 모색해야 한다. 문제확인 단계에서 학습자는 소그룹별로 문제를 확인하고 문제에서 요구되는 해결안이 무엇인지 파악해야 한다.

③ 문제해결을 위한 자료 수집

문제해결을 위한 자료를 수집하는 단계이다. 이 과정을 통해 자기주도적으로 정보를 찾고 지식을 학습하는 능력을 기르게 된다.

④ 문제재확인 및 해결안 도출

문제제시 단계에서 확인된 자료를 중심으로 문제에 대한 재평가를 실시한다.

⑤ 문제해결안 발표

문제재확인을 통해 그룹별로 최종 문제해결안을 만들어 각 그룹별로 준비한 문제해결안을 발표한다.

⑥ 학습결과 정리 및 평가

PBL의 결과를 정리하며 학습결과와 수행에 대한 평가를 실시하는 단계이다. 학습결과의 평가로는 그룹별로 제시된 문제해결안에 대해 교수자와 학습자들 스스로가 자신의 학습수행을 평가하는 자기평가, 동료평가 등을 활용할 수 있다.

(3) 문제기반학습을 위한 학습 환경

PBL은 다양한 학습 환경에 적용 가능한 교육방법론이다. PBL은 학생을 중심으로 학습자의 변화와 탐구 중심의 환경이 필요하다. 학생들의 그룹이 잘 구조화되어 문제를 분석하고 협력할 수 있도록 해야 한다(Dalrymple, Rosenblum, & Wuenschell, 2007).

PBL 그룹의 목표는 세 가지로 볼 수 있다. 첫째, 학습을 촉진하는 것이다. 둘째, 자기주도적 학습을 할 수 있는 태도와 기술을 개발하는 것이다. 셋째, 사회적 기술을 개발하는 것이다. 특히 소그룹을 통해 학습이 진행되므로 소그룹 내에서의 의사결정과 진행 과정이 PBL의 성패를 가른다. 그러므로 그룹 활동의 성공을 위해 학습자들 간의 커뮤니케이션과 체계적인 문제해결 과정이 중요하다.

그룹의 활동은 집단 역학으로 설명할 수 있다. 시간이 지남에 따라 집단 역학 혹은 역동은 변화한다. 효과적인 PBL의 진행을 위해 그룹 내 구성원들 간의 상호작용과 상호관계로 집단 역학을 이해할 수 있다(Holen, 2000). 그러므로 PBL 그룹을 효과적으로 운영하기 위해서 교수자, 청소년지도자의 역할이

중요하다. 각 그룹의 구성원들 간의 역동과 각 그룹 간의 긴장감이나 경쟁 등
을 PBL을 진행하면서 세밀하게 관찰하고 적절하게 중재해야 한다.

4) 액션러닝

PBL은 1950년대 중반 맥마스터 의과대학에서 전통적인 교육방법의 문제
점을 개선하기 위해 바로스(Barrows)에 의해 개발된 교수 학습 모형인 데 반
해, 액션러닝(action learning)은 1940년대 영국의 레반스(Revans)에 의해 영국
의 국가석탄 생산량 증대와 고용 환경에 대한 문제를 해결하고 현장에 적용
실천하기 위해 고안된 교육방법이다(박수홍, 안영식, 정주영, 2010).

- 현장의 실제 문제를 다룬다: 두 학습 모형의 기원에서 보면 PBL은 대학
  에서 처음 시작되었고 액션러닝은 기업에서 출발하였다. 그러므로 과
  제의 특성에서 액션러닝은 현장의 실제 과제(real issues)를 다루는 반면,
  PBL에서는 얼마든지 발생할 수 있는 가상의 문제를 개발하고 활용하여
  학습목표와 내용에 부합하는 실제적 문제(authentic problem)를 교수자
  가 제공하는 것이다. PBL은 학습에 좀 더 초점을 두고 추론 능력을 개발
  할 수 있으며, 액션러닝의 경우는 과제 해결 실행에 초점을 두고 있다(장
  경원, 고수일, 2016).
- 학습자 중심 교수-학습 방법이다: PBL과 액션러닝은 두 가지 모두 학습
  자 중심의 교수 학습 방법으로 학습자의 능동적이고 적극적인 참여가 이
  루어진다. 과제 해결을 목적으로 자기주도적인 학습이 이루어지며 학습
  자들의 직접적인 경험이 의미 있는 학습이 된다. 튜터나 퍼실리테이터
  로 불리는 교수자는 학습내용의 일방적인 전달자가 아니라 학습을 촉진
  시키는 조력자의 역할을 수행하게 되는데, 학습자들의 팀 활동으로 인한

협동학습을 중요시하고 학습 과정과 결과에 대한 성찰을 중요하게 다루
도록 한다.

- 팀 학습이다: 이 두 학습 방법은 팀 과제이든 개인 과제이든 팀을 기반으
  로 하고 있다. 과제를 해결하고 그 대안을 모색하여 실행 적용하도록 하
  는 액션러닝에서 소그룹으로 구성된 학습 팀, 기존의 구성되어 있는 지
  식, 심층적 질문을 중요한 구성요소(Marquardt, 1999/2004a)로 강조하는
  것은 문제를 반복 검토하며 문제해결을 위해 여러 사람의 의견을 나누
  고 수렴하여 수정되고 보완되어 보다 발전된 문제해결안으로서의 결과
  를 얻고자 하는 과정(Savery & Duffy, 1995: 이혜숙, 2008에서 재인용)을 경
  험하는 PBL의 문제해결 수렴 과정의 설명과 그 맥락을 같이하며 협동학
  습의 특징을 갖는다.
- 성찰이 중요하다: PBL과 액션러닝은 경험학습에 그 이론적 배경을 두고
  성찰을 강조하고 있다. 액션러닝의 여섯 가지 구성요소, 즉 현장의 실제
  문제, 다양한 배경을 가진 구성원으로 이루어진 소규모의 소그룹, 질문
  과 성찰과정, 전략 실행력, 학습 열의, 퍼실리테이터(Marquardt, 2004b)에
  서 성찰이 액션러닝의 중요한 구성요소이다. 콥(Kolb, 1984)은 경험학습
  이론에서 성찰적 학습에 대한 이론을 구체화하였다. 구체적인 경험과
  추상적 개념화로 새로운 지식이 파악되고 성찰적 관찰과 적극적 실험을
  통해 지식구조의 변형을 이루는 과정이 반복적인 순환 과정을 거치면서
  학습된다고 보았다. 그러므로 이 연구는 학습자의 성찰을 촉진시키기
  위해 성찰 저널(reflective journal)을 학습도구이자 평가방법으로 활용
  하고 있다.

5) 소셜러닝

소셜러닝(social learning)은 '사회적 학습 이론'(Bandura, 1977)에 그 바탕을 두고 협동학습보다는 유연하고 열려 있는 해결책이 요구되는 덜 구조화된 협력학습(collaborative learning)을 실현시킬 '컴퓨터 매개 협력'을 전략화한다(정재삼 외, 2012). 소셜미디어(social media)를 기반으로 한 타인과의 지식 공유, 의견 교환과 같은 상호작용을 통해 이루어지는 학습의 개념으로 사회적이라는 의미의 '소셜(social)'이라는 단어가 정보통신기술과 결합하여 참여, 공유, 개방, 협업 등을 포괄하는 개념이 되어 교육의 영역에까지 활용되고 있다(교육부 홈페이지 2017. 3. 27. 검색 자료). 소셜러닝은 소셜미디어를 통해 의사소통(communication), 협업(collaboration), 교육(education), 엔터테인먼트(entertainment), 이렇게 네 가지 측면으로 접근하여 활용 가능하다(Safko & Brake, 2009). 그러므로 소셜러닝은 소셜미디어를 교육 플랫폼으로 구축하여 나머지 측면, 즉 의사소통, 협업, 엔터테인먼트적인 요소를 활용하며 교육적 활동을 전개해 나갈 수 있다.

소셜러닝은 '다른 사람과 함께' '다른 사람으로부터' 행하는 학습이며, 단순한 정보만을 얻고 지식을 습득하는 것이 아니라 커뮤니티에 참여하는 과정에서 다른 사람을 통해서 그리고 함께 이루어진다는 것을 의미한다. 소셜 네트워크 학습 환경에서 소셜미디어는 학습자들 간의 사회적인 관계와 상호작용을 강화시킬 수 있으며, 학습을 위해 의사소통을 하며 지식을 공유하는 활동을 증대시킬 수 있는 교육적 잠재력을 보유하고 있는 학습 매체라고 할 수 있다(김소영, 2012).

소셜러닝은 개인의 능동성과 타인과의 관계 형성을 이끌어 내며, 학습자들은 단순한 의사소통을 넘어 이러한 과정을 통해 얻은 지식을 자기 스스로 재구조화할 수 있고 재구조화된 결과물을 동료들과 공유하고 대화와 토론을 통해 다시 그 지식을 더 확장하며 협업을 통해 문서를 공동으로 작성하고 주어진 문제를 함께 해결할 수도 있다. 학생들은 시·공간의 제약 없이 각 분야의 전문가와도 교류학습이 가능하며 교수자는 실시간으로 투표나 퀴즈를 통해 학습자의 반응과 이해도를 점검하고 학습 과정과 결과에 대한 즉각적인 피드백이 가능하다. 학습자들의 개인용 디바이스의 연결을 통해 서로 결합하여 교수자와 학습자, 콘텐츠와 학습자, 학습자와 학습자 사이의 실시간으로 즉각적인 상호작용을 가능하게 하는 것이다(이명숙, 손유익, 2011).

소셜러닝의 시·공간의 개념을 포괄하고 있는 블렌디드러닝의 개념과 액션러닝이 결합한 개념을 '블렌디드 액션러닝'으로 명명할 수 있다(김연철, 이은철, 2015). 온·오프라인을 통합한 학습 환경에서 학습자 중심의 액션러닝을 수행하는 블렌디드 액션러닝은 학습방법, 학습시간과 공간, 학습활동, 학습매체, 학습 경험, 상호작용 방식 등 다양한 학습요소의 온·오프라인에서의 동시다발적인 쌍방향 결합으로 구성된다.

이 교육 프로그램에 있어 소셜미디어 환경을 구축하여 온·오프라인으로 교육 장면을 전개하며 PBL을 기반으로 하는 액션러닝을 도입함으로써 최상의 학습 효과를 도출하려 하였다. 소셜 네트워크는 개인이 아닌 공동체적 개념이 적용되어 가상의 공간에서 시·공간을 뛰어넘어 상호작용함으로 이를 통한 학습과 교육 차원의 활동의 목표를 효율적으로 이룰 것이며, 이는 공동체 차원뿐 아니라 개인 차원에서도 성과를 이루어 낼 수 있을 것으로 기대된다.

또한 소셜 네트워크를 활용한 소셜러닝의 적용은 유비쿼터스적인 새로운 환경을 창출해 내는 기업가 정신과 같은 도전을 교육 장면에서 구현시킬 수 있는 기회가 된다.

청소년 기업가 정신 & 창업역량 함양 프로그램의 구성 및 내용

1. 청소년 기업가 정신 & 창업역량 함양 프로그램 구성의 원리

1) 기업가 정신의 요소

기업가 정신 교육과 창업교육은 다르다. 기업가 정신이란 기회 포착과 관련된 사고 및 행동을 말한다. 기업가 정신 교육을 창업교육과 같은 의미로 생각하는 혼돈의 원인은 그동안 국내의 기업가 정신 교육이 창업이라는 주제에 초점을 맞추어 한정적으로 접근한 데 있다. 기업가 정신 교육은 넓은 의미에서 개인이 일생을 살면서 필요한 역량을 학습하는 것을 말하며, 이에 따라 교육 대상은 모든 사람이다. 따라서 청소년 기업가 정신 및 창업역량 함양 프로그램의 대상은 청소년이다. 그렇기 때문에 '청소년이 가정, 학교, 사회의 구성원으로 살면서 기회를 포착하고 그 기회를 사업적인 결과물 또는 사회에 기여할 수 있는 가치창출을 할 수 있게끔 돕는 교육이다.' 그러므로 기업가 정신 교육의 목적은 '기업가 정신의 고취'에 초점을 맞추어야 하며, '창업'은 기업가 정신이라는 최종 결과물이라고 볼 수 있다(벤처스퀘어 홈페이지). 이러한 관점에서 청소년 기업가 정신 및 창업역량 함양 프로그램은 더 큰 의미에서 청소년 기업가 정신 함양 프로그램으로 볼 수 있다. 기업가 정신에 관한 프로그램은 결국 창업에도 긍정적인 영향을 미치는 근원적인 요소이기 때문에 이 프로그램에서는 기업가 정신과 관련된 내용을 중심으로 구성하고자 한다. 또한 생애 발달 단계에서 청소년기에 요구되는 자아존중감과 더불어 가치창출을 할 수 있는 도전정신을 함양하는 프로그램의 내용이 제시되어야 할 것이다.

기업가 정신의 요소에는 기업가적 역량과 전문역량으로 나누어 볼 수 있다. 기업가적 역량에는 기업가적 포부, 혁신성, 진취성, 위험감수 요소가 포함되어 있으며, 이를 배양시키기 위한 하위 교육내용이 필요하다. 이를 위한 세부 내용은 〈표 1〉과 같다. 또한 개인의 전문역량 또한 필요하다. 전문역량에는 지식재산기반능력, 인지적 능력, 대인관계 능력, 기술사업화 능력 요소가 포함되어 있으며, 이를 배양시키기 위한 하위 교육내용은 〈표 2〉와 같다.

〈표 1〉 기업가적 역량 및 교육내용의 하위 요소

구분	하위 요소	정의
기업가적 포부	포부	기업가로서의 꿈을 이루기 위한 열정을 품고 지속적으로 몰입함
	글로벌 마인드	다양한 문화를 이해하고 유연하게 적응하며 자신의 관심분야와 사회기회를 해외로 확대함
	자기성찰	자기 스스로 문제를 지속적으로 제기하고 이에 대해 깊이 있게 반성함
	인문 · 사회 · 문화적 지식	기업가로서 종합적인 관점을 형성하는 데 토대가 되는 철학, 사상, 역사, 예술, 문화 등에 대한 기본 지식 획득
	사회적 기업에 대한 이해	사회적 목적을 추구하면서 기업활동을 수행하는 기업가의 개념과 역할에 대한 이해
혁신성	문제해결지향	현상이나 사물을 관찰하여 문제를 발견하고 이를 지속적으로 해결하려는 행동
	고객지향	고객의 욕구를 찾고 욕구를 충족시키려는 시도
	관찰력	기존의 현상이나 사물을 주의 깊게 관찰하는 태도
진취성	도전정신	자신의 목표를 달성하기 위해 불굴의 의지로 난관을 극복하는 태도

	자기주도성	비전과 목표를 스스로 설정하고 이를 성취하기 위하여 적극적인 태도로 임함
	목표지향	도전적인 목표를 추구하며 이를 달성하기 위한 지속적인 노력
위험감수	위험감수	어떤 일에 따르는 위험을 받아들이고 기회를 추구하는 태도
	모호함에 대한 인내	불확실한 상황을 긍정적으로 인식하고 이를 인내하고자 하는 태도

출처: 벤처스퀘어 홈페이지(http://www.venturesquare.net/42675).

〈표 2〉 전문역량 및 교육내용의 하위 요소

구분	하위 요소	정의
지식재산 기반능력	지식재산에 대한 이해	패러다임의 변화에서의 지식재산의 중요성 인식, 지식재산의 개념 이해
	지식재산기반 기술능력	지적재산권 창출에 대한 기술 능력
인지적 능력	기초학문 분야에 대한 지식	자신만의 지식재산권 확보를 위한 기초학문 지식 확보
	분석적 사고능력	사물이나 현상의 함축된 의미를 단계적 또는 인과론적으로 파악하는 능력
	전략적 사고능력	설정한 목적을 달성하기 위해 변화하는 환경, 기회, 위험, 개인 및 조직의 강약점 등을 파악하여 최적의 대응책을 마련하는 능력
대인관계 능력	협상능력	자신과 상대방의 의견 간의 격차를 최소하며 타협점을 이끌 수 있는 능력
	네트워킹	다양한 이해관계자들을 파악하고 이들을 대상으로 긴밀한 협력관계를 구축하고 유지하는 능력
	팀워크	공통의 목표를 달성하기 위해 구성원으로서 적극적으로 협력하는 능력

기술사업화 능력	정보수집 및 활용능력	기업가적 과정에서 요구되는 다양한 정보를 수집하고 분석하여 그 결과를 활용함
	시장조사 및 마케팅 능력	고객의 욕구와 필요를 관찰하고 이를 토대로 한 아이디어, 서비스, 제품의 개발, 가격결정, 판매촉진, 유통 등에 대한 조사 계획, 조사 수행 능력
	비즈니스 모델 개발능력	기업이 이익을 창출할 수 있도록 사업을 운영하는 방법을 개발할 수 있는 능력

출처: 벤처스퀘어 홈페이지(http://www.venturesquare.net/42675).

2) 기업가 정신의 핵심 요소와 성공적인 창업가들의 공통적인 특성

(1) 기업가 정신의 핵심 요소

송영수(2010: 7-8)는 기업가 정신이 핵심 요소를 다음과 같이 정리하였다.

- 혁신(innovation): 기업가 정신의 첫 번째 핵심 요소는 바로 혁신 정신이다. 기업가 정신을 지닌 기업가들은 일반적으로 무(無)에서 유(有)를 창조하는 개방적 사고(open-mind)와 도전정신을 지니고 있으며, 이는 신사업을 개척하거나 새로운 조직을 세우고 이끄는 혁신의 자세를 의미한다. 혁신은 창업뿐만 아니라 기존 조직 구조에도 적용될 수 있으며, 창조적 파괴를 통하여 지속적으로 더 나은 조직으로 탈바꿈할 수 있다.

- 리더십(leadership): 기업가 정신의 요체 중 한 가지는 바로 리더십이다. 이는 자기 자신을 관리하고 절제하는 셀프 리더십에서부터 타인을 독려하고 꿈과 비전을 제시하며 동기부여할 수 있는 역량을 포함한다. 성공적인 기업가 또는 창업가들에게서는 공통적으로 강한 리더십을 발견할 수 있다. 그들은 진취적이고 열정적이며 긍정적인 영향력을 발휘하는 기업가 정신을 갖추었다.

- 책임의식(responsibility): 새로운 사업을 시작하거나 혁신을 주도할 때 위험을 감수하고 자신의 책임을 다하여 임하는 것이 기업가 정신의 핵심 요소이다. 창업의 결과에 대한 책임감과 사업에 대한 전반적인 문제를 주도적으로 해결하기 위한 주도성을 지니고 있다. 또한 자신을 비롯한 조직 구성원들에 대한 강한 책임의식이 필요하다.

(2) 성공적인 창업가들의 공통적인 특성

성공적인 창업가들에게 요구되는 공통적인 특성과 역량은 다음과 같다.

- 철저한 준비와 결단력: 관심분야에 대한 사업기회가 오면 주저하지 말고 결단을 내리고 또한 신속하게 행동에 옮김으로써 기회를 최대한 활용할 수 있는 준비가 되어 있어야 한다.
- 강한 인내력: 창업가에게는 원칙에 충실하면서도 어려운 상황에 처한 경우에 문제를 해결하기 위한 적극적인 자세와 끈기 있는 인내력이 요구된다.
- 사람을 이끌어 나가는 지도력(리더십): 기회를 창출하고 솔선수범하며 자신 있게 상대방을 설득할 수 있어야 한다. 본인이 사람들을 설득할 수 있는 역량이 부족하다고 판단될 경우에는 다른 사람에게 도움을 요청하거나 다양한 훈련을 통해 스스로 지도력을 키워야 한다.
- 사업에 몰입하는 집중력: 아무리 작은 사업이라도 집중해서 몰입하지 않으면 실패할 확률이 높다. 창업의 성공을 꿈꾸고 있다면 사업과 직접 관련이 없는 것들을 과감하게 포기하고 시작한 사업에 몰입해야 한다.
- 사업 추진과 관련된 정보수집 및 분석 노력, 지속적인 학습능력: 급변하는 사회에서 끊임없이 노력하면서 새로운 변화에 신속하게 대처해 나가는 과정이 성공창업의 핵심이라고 할 수 있다. 다른 사람보다 먼저 시대의 흐름과 고객이나 시장의 요구를 파악할 수 있는 통찰력을 가지고 사

업에 대한 지식과 경험을 축적하여 그 분야에서 최고의 전문가로 성장해야 한다.

3) 청소년 기업가 정신 & 창업역량 함양 프로그램 구성의 원리

청소년 기업가 정신 & 창업역량 함양 프로그램을 구성해 가면서 이 프로그램의 이름을 '벤처스타(Venture Star)'로 명명하고자 한다. 벤처스타는 기업가 정신의 기본적인 개념과 청소년 기업가 정신이라는 개념을 바탕에 두고, 청소년에게 적합한 교육방법인 체험학습, 협동학습, PBL을 프로그램의 방식으로 채택한다. 또한 기업가적 과정의 핵심사항인 기회, 자원, 팀에 대한 이해를 바탕으로 구성되고, 성공한 창업가들의 특성을 바탕으로 역할모델을 설정하여 셀프멘토링, 지역사회 멘토링을 실제로 실시하고자 하는 원리로 구성되었다. [그림 5]는 벤처스타 프로그램의 전체 원리를 정리한 것이다.

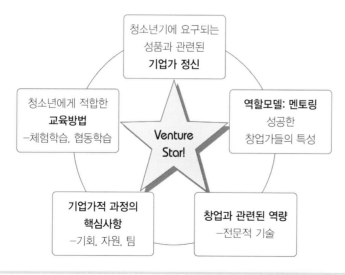

[그림 5] 청소년 기업가 정신 & 창업역량 함양 프로그램 구성의 원리

2. 청소년 기업가 정신 & 창업역량 함양 프로그램 주제와 내용

앞서 논의된 기업가 정신의 핵심 요소와 성공한 창업가들의 공통적 역량을 분석해 보면 기업가 정신의 핵심 요소와 성공한 창업가들의 역량은 교차적인 관계라는 것을 알 수 있다. 리더십과 책임의식은 두 가지의 요소가 함께 강조하고 있는 것이며, 창조적 혁신을 위한 학습능력이 기반이 되어야 한다. 기업가 정신과 창업역량과 관련한 핵심 요소를 기반으로 〈표 3〉의 벤처스타 프로그램의 내용이 구성되었다.

〈표 3〉 벤처스타: 청소년 기업가 정신 & 창업역량 함양 프로그램의 주제와 내용 구성 및 근거

벤처스타 주요 주제	기업가 정신	창업역량	성공한 창업가들의 공통적 역량
1. 기업가 정신	기업가 정신과 포부를 갖기 위한 기초적인 인식–자기성찰과 도전정신	변화와 성장을 위해서는 인내와 고통이 수반됨을 인식, 새로운 가치의 창출을 모색함	철저한 준비와 결단력
2. 혁신과 극복	기업가 정신의 기본 원리인 진취성, 도전 정신, 혁신성	현상이나 사물을 관찰하고 문제를 발견하고 해결하는 문제 해결능력	강한 인내력, 집중력
3. 창의적 실천	인간관계, 협상능력, 팀워크, 창의적·분석적·전략적 사고능력		사업 추진과 관련된 정보수집 및 분석 노력, 지속적인 학습능력
4. 벤처스타 리더십	기업가 정신의 실천과 창업을 위한 기업윤리	경제실무 정리, 적용, 실천	기업가로서의 가치관, 자신의 가치를 브랜딩하기

　프로그램의 주제와 내용을 기반으로 '벤처스타' 12회기 프로그램의 제목과 내용을 제시하면 〈표 4〉와 같다. 이 프로그램은 중학교 2학년~고등학교 1학년 정도의 단계에 맞춘 프로그램이다. 앞으로 초등학교와 고등학교 고학년의 단계에 관한 세분화된 연구가 필요하다.

〈표 4〉 청소년 기업가 정신 & 창업역량 함양 프로그램-벤처스타 12회기 주제 및 내용

프로그램 주제		프로그램 제목	프로그램 목표
기업가 정신과 창업을 위한 삶의 자세	1	기업가 정신	기업가 정신의 개념과 필요성을 사례를 통해 인식한다.
	2	기업가의 생활백서	기업가가 되기 위한 생활방식을 이해하고, 스스로 습관을 바꿔 나갈 수 있는 동기를 얻는다.
	3	기업가의 start –앞으로 기업가를 '벤처스타'로 명명하고 자신의 새로운 역할로 인식하기	기업가 정신은 일상적인 삶의 방식에서 도전적인 삶으로 변화시키는 것임을 인식하고 새로운 삶의 비전을 설정한다.
기업가 정신을 실천하기 위한 전략과 분석	4	벤처스타의 시선	지역사회와 대한민국을 넘어 전 지구적 시민으로서의 역할을 이해하고 보다 넓은 시선으로 세계의 현상을 바라보고 실천방식을 모색한다.
	5	벤처스타 전략 1	기업가 정신을 발휘하기 위해서는 전략적이고 도전적인 방식이 필요함을 알고 자신의 삶에 적용한다.
	6	벤처스타 전략 2	비전을 이루기 위한 사명의식을 점검하고 변화에 따른 전략적 사고를 습득한다.
기업가의 자기경영	7	벤처스타의 목표 관리	목표 관리 방식을 습득하고 앞으로 자기경영의 과정에 활용한다.
	8	벤처스타의 시간 관리	시간 관리의 중요성과 실제 활용 방법을 익힌다.

	9	벤처스타의 인맥 관리	기업가 정신은 공동체성을 인식하고 실천하는 것임을 알고 네트워크 관리능력을 배양한다.
벤처스타 리더십	10	벤처스타의 창조적 기업 만들기	마인드맵을 효과적으로 활용하여 자신의 잠재력과 주변 상황을 연계하여 새로운 기업(창업)에 관한 아이디어를 정리한다.
	11	나만의 브랜드 만들기	각자 구성한 새로운 기업 이미지를 바탕으로 자기만의 브랜드를 창출해 본다.
	12	벤처스타 리더십	새로운 시작과 도전은 결국 리더십의 과정임을 인식하고 벤처스타 리더의 삶을 실천하고 적용해 본다.

Part 2부터 다루게 될 벤처스타 프로그램에서는 〈표 4〉에서 제시된 주제와 제목 그리고 순서를 일부 수정하였다. 여러 번의 실행을 통해 평가된 내용들을 반영하여 재구성의 작업을 거치며 순서에 있어서 효과적으로 배치하였다. 앞서 다루어진 구성요소들과 주제들이 모두 벤처스타 프로그램에 포함되어 있으며, 표현이 다를 뿐 프로그램 설계 및 구성 원리가 그대로 반영되었다.

나가며

청소년 기업가 정신과 창업역량 함양을 위한 프로그램 개발 과정은 새로운 도전이며, 기업가 정신의 실천 자체가 프로그램의 개발 과정이 되었다. 청소년 기업가 정신에 대하여 '청소년이 현재 보유하고 있는 자원이나 능력에 구애받지 않고, 주어진 기회를 적극적으로 포착하여 자신의 목표를 추구하는 사고방식과 행동양식이며, 실천을 위해 청소년 자신의 잠재력을 발견하고 전인적인 성장을 이끌어 줄 수 있는 정신'으로 정의하며 연구가 시작되었다. 프로그램 개발 과정은 지금까지 보유하고 있던 프로그램 개발자의 능력과 정책, 선행연구를 참고하지만, 그 한계를 뛰어넘고자 하는 도전이 되었다. 프로그램 개발 과정은 하나의 결과물을 만들어 가는 창업적·창조적 과정이다. 역량의 한계에 도달할 때마다 기업가 정신의 의미를 되새겨 보며 현재의 자원이나 능력을 뛰어넘기 위한 시도를 하게 되었다.

이 프로그램은 청소년의 전인성과 도전정신, 자율성의 회복을 위한 시도이다. 청소년이 이 사회에 단지 적응하기 위해서가 아니라 사회에 영향력을 행사할 수 있는 역량 있는 존재가 될 수 있도록 돕는 프로그램이 되기 위한 출발점에 있는 것이다. 이 프로그램은 고등학생을 위한 과정으로 구성되었다. 앞으로 초등학생과 중학생을 위한 프로그램이 이 프로그램의 원리를 바탕으로 세분화되어야 할 것이다. 또한 각 교급별 발달 단계에 적합한 프로그램 목표와 활동방법 등에서 다양성과 차별성을 고려하여 개발되어야 한다.

기업가 정신 함양 프로그램이 지금까지 개발된 다양한 진로교육과 리더십

교육의 다른 이름이 아니라 그 자체로서 가치를 발휘하기 위해서는 각 영역의
노력이 필요하다. 현장의 목소리를 반영한 생생한 프로그램, 기업가 정신의 내
용을 담은 프로그램의 의미를 충분히 보여 줄 수 있는 결과물이 되어야 한다.
그러기 위해서 국가와 교육현장의 교사와 청소년 지도를 담당하는 지도자들이
기업가 정신의 가치를 인식하고 교육의 필요성을 분명하게 인식해야 한다. 인
식의 전환은 교육으로 가능하다. 교사 직무 연수와 청소년 지도자 연수 등 청소
년 지도자를 위한 교육기회가 주어질 때마다 청소년을 위한 기업가 정신과 청
업역량에 관한 가치 그리고 다양한 접근 방법을 공유하고 각 영역에서 실제로
활용할 수 있는 방안을 모색해 보아야 할 것이다.

　　체험학습연구소 김정주 소장은 "학교의 경우는 자유학기제 등으로 진로
관련 교육이 많아져서 수요가 있을 것으로 생각되고, 청소년시설 등에서는
10여 년 전부터 청소년들의 창업 프로그램을 개별 시설단위로 여성가족부나
경기도 공모사업 등을 통해서 운영하는 사례가 종종 있어 왔다. 그리고 요즘
은 사회적 기업이나 협동조합 등과 관련된 정책이 시행되면서 관심도 높아지
고 있다."[6]라고 하였다. 이처럼 기업가 정신과 창업역량 함양 교육과 관련된
프로그램은 그 수요가 증가할 것이라고 본다. 어느 때보다 창조경제 성공의
핵심조건으로 '기업가 정신'의 중요성을 강조하고 있다(최병일 외, 2013). 기업
가 정신은 지속적인 발전과 가능성의 요체인 청소년에게 필요한 역량이며 보
다 나은 미래를 위한 필수적인 가치이다. 하지만 기업가 정신과 창업역량을
중요한 가치로 인식하는 것에 머물러서는 안 된다. 다양한 문제해결 과정과
실제적인 체험을 바탕으로 한 기업가 정신 함양 프로그램을 통해 현실의 한
계를 극복하고 미래를 개척하며 어떠한 어려움도 극복할 수 있는 도전정신을
겸비한 청소년을 기대해 본다.

---

6) 이 프로그램에 관한 체험학습연구소 상임이사 김정주 소장의 피드백에서 발췌함.

참고문헌

강인애, 김현우, 황선하(2011). 구성주의 학습 환경에서의 '글로벌 창업교육캠프' 사례 연구. 경제교육연구, 18(2), 153-183.

김기태(2012). 경영학 교육에서 문제중심학습(Problem-Based Learning)의 설계 및 적용 사례. 질서경제저널, 15(4), 63-85.

김소영(2012). 소셜네트워크 학습환경에서 학습자의 심리적 특성이 학습성과에 미치는 영향. 교육공학연구, 28(4), 707-728.

김승경 외(2013). 도전정신 중심의 청소년문화 조성 방안. 경제인문사회 연구회 미래사회협동연구총서. 창조경제 종합연구보고서. 서울: 한국청소년정책연구원.

김연정, 노병수(2012). 창업교육이 셀프리더십과 기업가 정신에 미치는 영향에 관한 연구. 디지털정책연구, 10(6), 23-31.

김연철, 이은철(2015). 블렌디드 액션러닝프로그램이 대학생의 자기주도적 학습능력에 미치는 영향. 한국콘텐츠학회논문지, 15(11), 658-671.

김재연(2013). Kauffman foundation 기업가정신교육.

김진화(2009). 평생교육 프로그램 개발론. 서울: 교육과학사.

박수홍, 안영식, 정주영(2010). 체계적 액션 러닝. 서울: 학지사.

배종태(2009). 대학으로부터의 창업촉진과 기업가 정신 육성방안. 한국경영관련학회 하계통합 학술대회 자료집: 국가브랜드와 국가경쟁력, 1-7.

배종태, 차민석(2009a). 기업가 정신의 확장과 활성화. 한국중소기업학, 31(1), 111-128.

배종태, 차민석(2009b). 한국형 기업가 정신 모델정립에 관한 연구. 중소기업청 세미나 자료집: 기업가 정신 심포지엄.

송영수(2010). 지식정보화 시대가 요구하는 기업가 정신. 서울: 자유기업원.

안선영, 김희진(2011). 창업, 기업가 정신 및 기업의 사회적책임에 대한 청소년의 인식: 한국-핀란드 비교연구 (연구보고 11-R14). 서울: 한국청소년정책연구원.

유봉호(2013). 청년창업자의 심리특성과 내재적 동기가 창업성공 가능성에 미치는 영향. 대한경영학회지, 26(10), 2669-2690.

이명숙, 손유익(2011). 소셜네트워크 서비스를 활용한 안드로이드기반 협동학습시스템 설계 및 구현. 한국컴퓨터교육학회, 14(5), 71-79.

이민화(2013). 기업가 정신 교육혁신, 창조경제연구회 제4차 포럼 연구보고서. 창조경제연구회, 13-42.

이병욱(2004). 창업 마인드 함양을 위한 청소년 창업 교육 프로그램 운영 효과 분석 연구. 대한공업교육학회지, 29(2), 1-11.

이윤준 외(2012). 기업가 정신 고취를 통한 기술창업 활성화 방안. 과학기술정책연구원. 정책연구, 2012-11.

이현숙(2013). 혁신형 기업가의 양성을 통한 기업가 정신 활성화 방안. **과학기술정책,** 23(2), 22-33.

이혜숙(2008). PBL 기반 진로 교육 프로그램의 개발 및 효과 검증. 서울교육대학교 석사학위논문.

장경원, 고수일(2016). **액션러닝으로 수업하기(2판).** 서울: 학지사.

정연우, 반성식(2008). 청소년 창업교육과 창업의지에 관한 연구. **한국창업학회지,** 3(1), 45-67.

정재삼, 임규연, 김영수, 이현우(2012). **교수설계 지식기반.** 서울: 학지사.

중소기업청(2014). 상상을 현실로 이끄는 창업로드뷰. 2014년 비즈쿨 우수사례집.

최병일 외(2013). 기업가 정신-창조경제 성공의 핵심요건. 서울: 한국경제연구원.

최정임(2007). 대학수업에서의 문제중심학습 적용 사례연구: 성찰일기를 통한 효과성 분석을 중심으로. **교육공학연구,** 23(2), 35-65.

한국외국어대학교 연구산학협력단(2009). 청소년 기업가 정신 함양 5개년 계획. 서울: 창업진흥원.

한국청소년개발원(2004). **청소년지도방법론.** 서울: 교육과학사.

한문성 외(2010). 청소년 직업관 및 창업교육 3개년 계획 연구. 서울: 창업진흥원.

Bandura, A. (1977). *Social learning theory.* Englewood Cliffs, NJ: Prentice Hall.

Dale, E. (1946). *Audio-visual methods in teaching.* New York: The Dryden Press.

Dalrymple, K. R., Rosenblum, A., & Wuenschell, C. (2007). Educational Methodolgies. PBL Core Skills Faculty Development Workshop 1. *Journal of*

Dental Education, 71(2), 249–259.

Holen, A. (2000). The PBL group: Self-reflections and feedback for improved learning and growth. *Medical Teacher, 22*(5), 485–488.

Kolb, D. A. (1984). *Experiential learning: Experience as the source of learning and development.* Englewood Cliffs, New Jersey: Prentice Hall.

Marquardt, M. J. (2004a). *Optimizing the power of action learning: Solving problems and building leaders in real time.* Palo Alto, California: Davies-Black Publishing.

Marquardt, M. J. (2004b). The power of learning in action learning: A conceptual analysis of how the five schools of adult learning theories are incorporated within the practice of action learning. 기업교육연구, 6(2), 149–173.

Safko, L., & Brake, D. K. (2009). *The social media bible.* Toronto: ExecuGo Media.

IP 카이스트 영재교육원 http://ipceo.kaist.ac.kr/xe/about

oeclap http://www.oeclap.com

University of Alberta http://www.educ.ualberta.ca/staff/olenka.Bilash/best%20 of%20bilash/dalescone.html

교육부 http://www.moe.go.kr/main.do?s=moe (2017. 3. 27. 검색자료)

동그라미 재단 http://thecircle.or.kr/home

벤처스퀘어 http://www.venturesquare.net/42675

송정현의 기업가정신 세계일주 칼럼 http://wet-entrepreneur.tistory.com/593

심리학티스토리 http://simrihak.tistory.com/90

카우프만 재단 http://www.kauffman.org

카우프만 재단 기업가 정신/자료실 http://www.entrepreneurship.org/Resource-Center.aspx

PART 2

벤처스타 프로그램

기업가 정신 Entrepreneurship!

주제

벤처스타의 기업가 정신

주요 내용

기업가 정신의 개념에 대하여 사례를 통해 자신과 연결하기

교육 목표

기업가 정신에 대한 구체적인 실제 사례를 통해 기업가 정신은 일상적이며 근접한 개념임을 인식한다.

수업의 기대 효과

이 과정은 기업가 정신에 대한 기본적인 개념을 학습자들이 문제해결 과정을 통해 이해할 수 있도록 구성하였다. 학생들이 경험적으로 알고 있었던 '기업가' 혹은 '기업'이라는 개념을 보다 확장시켜 기업가 정신의 근원적인 원리인 도전정신에 대한 이해를 할 수 있도록 돕는다.

이 수업을 통해 학습자들은 '기업가 정신'이 각자에게 꼭 필요한 것임을 인식하게 되고 앞으로 진행될 '벤처스타' 프로그램에 대하여 기대감을 가질 수 있다.

도입 활동

1. 기업가 정신에 대한 생각 열기

자신이 가지고 있었던 '기업가 정신'에 대한 생각을 정리한다.

모둠활동 1

1. '기업가 정신' 하면 떠오르는 단어를 포스트잇(종이)에 적어 보자.

2. 공통된 주제의 단어끼리 분류해 보자.

3. 각 모둠별로 어떠한 주제들이 도출되었는지를 발표해 보자.

> **Tip 1** 시간을 재촉하지 않는다.
>
> **Tip 2** 첫 시간 첫 활동이므로 충분한 라포 형성을 위한 분위기가 필요하다.

2. 기업가 정신에 대한 기본 개념

기업가 정신의 영어 이름인 앙트르프러너십(entrepreneurship)은 entrepreneur 와 ship의 복합어이다. 앙트르프러너(entrepreneur)의 어원을 살펴보면 프랑 스어로 '수행하다' 또는 '모험하다'이다. 시대적으로 기업가 또는 창업가의 의 미는 변화해 왔다. 하지만 과거와 지금을 비교하면 기업가가 갖추어야 할 본 질적인 정신은 별로 다르지 않을 것이다. 기업을 일으켜 기업의 본질인 이윤 을 추구하고 사회적 책임을 수행하는 기업가가 가져야 할 자세와 태도 그리 고 정신이 그 기업을 좌우한다. 그리고 어떤 상황에서든지 흔들리지 않고 기 업이 나아가야 할 방향을 이끈다. 이러한 기업가 정신은 창업을 하고 기업을 하기 위해서만 필요한 것이 아닌 우리 자신의 삶을 일으키며 주도적으로 이끌어 가는 자세와 태도 그리고 정신으로 받아들일 필요가 있다. 나 자신이 기업이기 때문이다!

그러므로 기업가 정신은 지속적인 발전과 가능성의 요체인 청소년에게 필요한 역량이며, 보다 나은 미래를 위한 필수적인 가치를 형성하게 하는 실행력이다. 청소년 기업가 정신을 함양하기 위해 일상의 삶 속에서 자기 혁신을 이루도록 꾸준하고 지속적인 자기관리와 자기개발에 힘써야 한다. 또한 자신과 또래를 확장시켜 자신의 환경과 공동체에 대한 문제의식을 가지고 적극적으로 해결해 나가려는 노력이 필요하며, 혁신적인 가치를 창출해 나가도록 하는 능동적이고 적극적인 사고와 실천적 행동이 따라야 한다.

 전개 활동

1. 기업가 정신의 핵심 요소 알기

기업가 정신의 핵심 요소를 파악하여 개념을 더 잘 이해할 수 있다.

'기업가 정신' 하면 떠오르는 단어들을 영역별로 분류해 보면 자기성찰과 도전정신, 혁신성과 진취성, 창의적 실천, 리더십으로 나눌 수 있다.

변화와 성장을 위해 인내와 고통이 수반됨을 인식하고 새로운 가치를 창출하기 위한 철저한 준비와 결단력으로 무장한 도전정신은 기업가 정신을 구성하는 첫 번째 요소라고 할 수 있겠다. 어려움과 불편함을 기회로 만들며 실패의 경험 속에서도 자기성찰을 통해 교훈을 얻어 끊임없이 도전하고 발전을 모색해 나가는 것이다. 어떠한 위험도 감수하려는 용기가 여기에 해당할 것이다.

두 번째로 도전정신을 뒷받침해 주는 혁신성과 진취성은 현상이나 사물을 관찰하고 문제를 발견하여 해결하고자 하는 문제해결력으로 강한 집중력과 인내심을 요구한다. 현재에 만족하지 않고 긍정적인 변화를 추구하는 적극적인 자세이며 과거의 지식이나 기술을 바탕으로 발전해 나가는 새로운 방식을 결합하여 또 다른 새로운 것을 창출하는 것이다.

세 번째로 관념적이며 추상적인 개념으로 끝나는 것이 아니라 창의성이 발휘되는 실천력에 대한 부분이다. 창의적 실천을 위해서는 창의적이며 분석적이고 전략적인 사고능력이 필요할 뿐만 아니라 인간관계, 협상능력, 팀워크, 일의 추진력을 가지게 할 정보 수집 및 분석, 그리고 지속적인 학습능력이 필요하다.

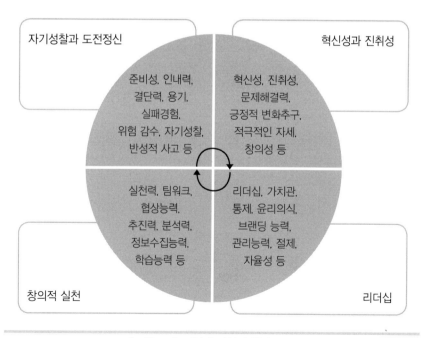

[그림 1-1] 기업가 정신의 핵심 요소

네 번째는 앞의 구성요소들의 내용을 모두 함축하는 리더십이다. 기업가로서의 가치관으로 실천적 기업 윤리 의식을 가지고 자신의 가치를 브랜딩할수 있어야 할 것이다. 관리능력뿐 아니라 스스로를 통제하고 절제하는 자율성이 리더십에 포함될 수 있다.

2. '눈뜨면 도착!' 이야기

구체적인 사례를 통해 현재 당면한 주변의 문제를 발견하는 것에서부터 새로운 도전을 시작하는 것이 기업가 정신임을 알게 된다.

모둠활동 2

〈세상을 바꾸는 시간 15분〉의 '우리가 만드는 커뮤니티 버스: 눈뜨면 도착' 동영상 (http:// youtu.be/IPeqlFvif3c)을 보고

(사진 출처: '눈뜨면 도착' facebook 캡처 사진)

1. 박주혁 씨의 성공 요인에 대해 생각해 보자.

2. 어렵고 힘들었던 순간을 헤쳐 나갈 수 있었던 이유는 무엇인가?

3. 박주혁 씨의 이야기를 통해 깨달은 기업가 정신은 무엇이라고 생각하는가?

> Tip 1 영상 시청은 수업 전에 보고 와도 좋다.
>
> Tip 2 온라인 커뮤니티를 통해 영상을 공유한다.
>
> Tip 3 이 활동에서 도출되는 기업가 정신에 대한 생각 및 표현되는 단어들이 기업가 정신의 개념을 이해하는 데 필요한 개념 및 단어임을 깨달아 알도록 한다.

'눈뜨면 도착' 공동 대표 박주혁 씨가 〈세상을 바꾸는 시간 15분〉에서 강연했던 '우리가 만드는 커뮤니티 버스: 눈뜨면 도착' 이야기이다.

서울 근교 주거지역에서 서울 중심지에 있는 대학교나 직장을 다니는 사람들에게 등·하교 및 출·퇴근은 커다란 문제이다. 분당에서 신촌까지 1시간 30분이 걸린다. 배차 시간, 정거장까지 가는 시간 등을 포함하여 더 많은 시간이 소요될 수도 있고 출근시간에는 만원버스에 치여 지친 몸으로 수업을 듣거나 업무에 임해야 한다.

그래서 분당에서 신촌까지 대학교를 다니는 학생들이 모이기 시작했다. 편안한 통학을 위한 작은 실천에서 시작된 대학생 통학 프로젝트 '눈뜨면 도착'은 몇몇 학생으로부터 시작된 작은 시도지만, 이제는 지역주민들이 SNS에서 모여 노선을 만드는 '커뮤니티 버스'로 대중교통의 새로운 패러다임을 만들어 가고 있다.

그의 성공 요인을 보면 긍정적 사고, 인적 네트워크 활용, 문제의식, 불편함을 극복하기 위한 구체적인 실행력, 적극적인 SNS 활용, 자기 역할에 대한 인식, 어려움을 극복하는 도전정신, 책임감, 승객들의 요구에 대한 정확한 인식, 미래에 대한 구체적인 계획 등이었다.

개인적인 불편함이 작은 실천 의지를 가지고 실행으로 옮기게 했다. 개인적인 경험이 다른 사람들도 동일하게 겪는 보편적인 경험이 되어 공감대를 형성하고 함께 실행함으로써 파급력을 가지게 된 것이다. 그렇게 되려면 힘든 결단과 무단한 노력, 실천에 대한 끈기가 전제되어야 한다고 말하고 있다. 물론 이러한 실행에 있어서 업무가 가중되기도 하고 사람들과의 관계에서 받는 긴장감과 상처, 스트레스가 없을 수는 없다. 하지만 이 모든 것이 고스란히 담겨 큰 영향력을 가지게 된다. 도전은 그러한 것들을 두려워하지 않고 이겨 내어 작은 실천을 보일 때 실체를 갖는다.

3. '기업가 정신' 개념 세우기

자신만의 '기업가 정신'의 정의를 내릴 수 있다.

모둠활동 3

1. '눈뜨면 도착' 커뮤니티 버스 사례에서 다음 질문 5가지 영역에 해당하는 요인들을 찾아보자.
   1) 그들이 '보유하고 있는 자원이나 능력'이 무엇인가?
   2) 그들은 '기회'를 어떻게 '포착'하였는가?
   3) 그들의 '목표'는 무엇인가?
   4) 그들이 추구한 '사고방식'은 무엇인가?
   5) 그들이 추구한 '행동양식'은 무엇인가?

2. 모둠별로 내용을 정리해 보자.

3. 정리된 내용을 가지고 '기업가 정신'의 정의를 내려 보자.

> **Tip 활동 예시** 현재 보유하고 있는 자원이나 능력(**학생, 자본의 부족 등**)에 구애받지 않고, 기회를 적극적으로 포착(**불편함, 네트워크 등**)하여 자신의 목표(**통학이 불편한 대학생들을 도움**)를 추구하는 사고방식(**긍정성, 책임감 등**)과 행동양식(**구체적인 실행력 등**)이다.

'눈뜨면 도착'의 성공 요인은 기업가 정신과 일맥상통한다. 보유하고 있는 자원이나 능력의 한계에 집중하기 십상이지만, 그에 구애받지 않고 그들이 인식하는 문제를 적극적으로 해결하고자 하였다. 불편함을 극복하고자 하는 도전정신을 발휘하였고, 네트워크를 적극 활용하며 자신들의 재능과 전공분야에 맞게 팀을 이루어 함께 힘을 모으고 있다. 또한 어려운 현실 가운데에서도 구체적인 미래에 대한 계획들을 가지고 끊임없이 도전하고 있다.

청소년들이 다양한 영역에서 발생하는 문제 가운데에서 기회를 발견하고 적극적으로 이용하기 위해서는 기업가 정신의 실천적인 측면이 중요하다. 경제에 대한 단순한 지식을 얻거나 창업을 위한 실무적인 부분을 습득하는 것도 중요하다. 하지만 무엇보다도 우선되어야 할 것은 청소년들의 인격적인 발달을 돕고 전인적인 성장에 초점을 맞추어 청소년에게 요구되는 도전정신과 창의력 함양 그리고 자기주도성 향상 등에 필요한 전반적인 소양을 갖추는 것이다. 이를 기업가 정신이라고 할 수 있겠다. 청소년 기업가 정신은 '현재 보유하고 있는 자원이나 능력에 구애받지 않고 기회를 적극적으로 포착하여 자신의 목표를 추구하는 사고방식과 행동양식이며, 실천을 위해 청소년 자신의 잠재력을 발견하고 전인적인 성장을 이루도록 이끌어 줄 수 있는 정신'이다.

사고방식이자 행동양식인 기업가 정신을 함양하기 위한 교육이 창업교육이나 금융경제교육에 치우쳐 있는 경향이 있다. 하지만 기업가 정신에 영향을 주는 요인들을 기술적 기능(technical skill), 인간적 기능(human skill), 개념적 기능(conceptual skill)으로 접근(three-skill approach)한 카츠(Katz)의 이론을 적용할 필요가 있다. 청소년 발달 단계 및 발달 과업에 따라 전인적인 교육 차원에서 균형 잡힌 접근이 모색되어야 한다.

기술적 기능은 특정 종류의 활동, 특히 방법, 프로세스, 절차 또는 기술과 관련된 활동에 대해 충분히 이해하고 숙달된 것을 말하며, 직업교육 및 실습교육 프로그램의 대부분이 이 전문기술을 개발하는 데에 주로 집중하고 있다.

인간적 기능은 그룹 구성원으로서 효과적으로 일하고 그가 인도하는 팀 내에서 협동을 구축하는 노력을 말한다. 기술적 기능이 작업과 관련이 있다면, 인간적 기능은 주로 사람들과 일하는 것에 관련되어 있고 공동체 안에서 사람들과의 관계를 맺으며 자신의 신념을 드러내고 행동하는 방식으로 증명된다. 다른 사람들과 일하는 진정한 능력은 의사결정 시뿐 아니라 개인의 일상적인 행동에 있어서도 중요하기 때문에 자연스럽고 지속적인 활동으로 개발되어야 한다.

개념적 기능은 공동체를 전체적으로 볼 수 있는 능력으로 조직이 반응하는 전체 특성에 영향을 미치고 그 공동체만의 구별된 성격으로 결정되어 나타나게 된다. 창의적인 능력으로 공동체의 성장 방향을 결정하고 목표와 정책을 세우고 구성원들의 관심 분야를 인식하고 대응하는 방식으로 반영된다.

카츠는 기업가 정신에 영향을 미치는 요인들에서 기술적 기능을 하위 개념으로 보았다. 인간적 기능을 그 위 개념으로, 개념적 기능을 최상위 개념으로 보았다. 단순히 작업의 기술적인 측면을 뛰어넘어 공동체 안에서 협력을 구축하고 공동체를 창의적인 발전 방향으로 변화하도록 이끌어 갈 능력을 함양해야 하는 것이다. 특히 청소년에게 있어서 청소년 기업가 정신은 기술적인 기능에 앞서 정신적이고 관계적인 측면, 즉 인간적인 기능과 고차원의 개념적 기능의 측면에서 교육을 통해 연마되어야 할 것이다.

마무리 활동

1. 나의 앙트르프러너십은?

기업가 정신의 개념을 나에게 적용할 수 있다.

모둠활동 4

☆ '기업가 정신' 개념에서 다루고 있는 각각의 요소를 나에게 적용해 보자.

1) 내가 '보유하고 있는 자원이나 능력'이 무엇인가?
2) 나는 어떤 '기회'를 어떻게 '포착'할 것인가? 나에게는 어떤 기회들이 현재 주어
   져 있는가?
3) 나의 '목표'는 무엇인가?
4) 내가 추구해야 할 '사고방식'은 무엇인가?
5) 내가 추구해야 할 '행동양식'은 무엇인가?

Tip 현재 주어진 상황을 점검할 수도 있고 바람직한 방향으로 설정해도 좋다.

---

2. 과제 활동

자신만의 기업가 정신을 한 문장의 글로 표현할 수 있다.

자신이 추구하는 기업가 정신은 무엇인지 한 문장으로 정리하고 롤모델로

삼을 인물을 찾아보자. 선정한 롤모델이 어떤 자원과 능력을 활용하였는지, 어떤 기회를 어떻게 포착하였는지를 알아보자. 그들이 추구한 사고방식과 행동양식은 무엇이고, 과거 어떤 목표로 현재까지 왔으며, 앞으로 어떤 목표를 가지고 있는지도 알아보자.

📖 추천 도서

1. 창조적인 아이디어를 찾아라!: 슘페터가 들려주는 기업가 정신 이야기 (이영직 저, 자음과 모음, 2012)

'기업가의 창조적 파괴'는 자본주의의 역동성이며 경제를 발전시키는 원동력이다. 21세기 기업가는 자본주의 사회에서 시장 경쟁을 유도하고, 시장을 확장하는 등 새로운 경제 주체로서의 역할이 강조되고 있다. 21세기 경제의 화두는 '창조'와 '혁신'이다. 자유로운 시장경제 체제에서 살아남기 위해서는 남보다 시선을 끌고 선택받을 수 있는 무언가를 선보여야 하기 때문이다. 많은 기업은 시장에서 살아남기 위해 '창조'와 '모방'을 기술로 삼아 쉴 새 없이 변화를 일으키고, 오래된 것을 부수며, 끊임없이 새로운 것을 만들어 낸다. 20세기 경제학자 슘페터(Schumpeter)는 이런 과정을 '창조적 파괴'라 불렀으며, 모든 자본가가 주목해야 할 자본주의의 핵심이라고 강조했다. 경제의 발전을 위해 필요한 기업자의 역할을 재평가한 것이다. '창조적 파괴'를 이루기 위해서는 어떤 태도가 필요할까?『경제학자가 들려주는 경제 이야기 14. 슘페터가 들려주는 기업가 정신 이야기』는 창조의 아이콘이라 불리는 애플의 스티브 잡스부터 우리나라 현대의 정주영까지 많은 기업가의 사례를 담고 있다. 혁신과 변화를 불러온 기업가의 태도와 혁신을 일으키는 데 필요한 요소

가 무엇인지 슘페터의 이야기를 통해 배울 수 있다.[1]

2. 기업가정신(피터 F. 드러커 저, 한국경제신문사, 2004)

피터 드러커(Peter Drucker)의 혁신과 기업가 정신의 출발점이 된 비즈니스서의 고전이다. 변화를 탐구하고 변화에 대응하며 변화를 기회로 이용하는 기업만이 살아남을 수 있으며 진정한 기업가 정신만이 21세기의 생존 전략임을 역설한 묵직한 책이다. 드러커는 기업가 정신이란 일종의 과학이나 테크닉이 아닌 오직 '실천'이라고 강조한다. 또한 기업가 정신은 기업 단위에 국한되지 않고 한 사회의 모든 구성원이 본질적으로 가지고 있어야 할 자기 혁신의 '바탕'이라고 할 수 있다.[2]

🎬 추천 영화

1. 스티브 잡스(대니 보일 감독, 2015)

도전과 혁신의 아이콘 '애플'의 CEO인 스티브 잡스(Steve Jobs)의 스토리를 담은 영화이다. 스티브 잡스의 기업가 정신 핵심역량을 들여다볼 수 있는 작품이다. 독단적이고 자기중심적인 성향을 지닌 그가 전문적인 기술이 없음에도 고집스럽게 거대한 성공을 이루었다. 스티브 잡스의 '혁신'과 '열정'이 세상 사람들의 삶의 패턴과 소통 방식을 바꾸었다. 하지만 아버지로서의 모습은 실망스럽고, 그의 광기 어린 성품은 그다지 호감 가지 않는다.

---

[1] 출판사 서평 참조
[2] YES24 서평 참조

2. 조이(데이비드 O. 러셀 감독, 2015)

싱글맘으로 세 아이와 조부모, 이혼한 전남편까지 부양해야 하는 흔하지 않은 삶을 살았지만 미국 홈쇼핑 역사상 최대 히트 상품을 발명함으로써 10억 달러대 기업가로 성장한 조이 망가노(Joy Mangano)'의 실화를 다룬 영화이다. 일단 목표를 세우면 아무리 큰 시련이 닥쳐도, 몇 번을 쓰러져도 꼭 이룬다는 그녀의 곧은 신념과 희망이 담긴 메시지를 전하고 있다. 가족들을 부양하기에 버거운 삶을 살아가던 어느 날, 깨진 와인잔을 맨손으로 치우던 조이는 손으로 짜지 않아도 되어 수고를 덜어 주는 기적의 걸레 '미라클 몹'을 발명하게 된다. 어려움과 기회의 반복 속에서 그녀는 기업가로서 성장해 나간다.

★ ★ ★ ★
참고자료

교육부 외(2015). 청소년 기업가 정신 길잡이 '키움'.

김세광(2014). 대학재학 후기 청소년을 위한 PBL 실행연구. 기독교육정보, 43, 29-68.

이민규(2015). 하루 1%: 변화의 시작. 서울: 끌리는 책.

이영직(2012). 창조적인 아이디어를 찾아라!: 숨페터가 들려주는 기업가 정신 이야기. 서울: 자음과 모음.

현순안, 김세광(2018). 소셜러닝과 액션러닝을 활용한 청소년 기업가정신 교육의 교육적 함의: 대학에 재학 중인 후기 청소년을 대상으로. 청소년시설환경, 16(2), 145-157.

Drucker, P. F. (2004). 기업가정신(이재규 역). 서울: 한국경제신문사.

〈스티브 잡스〉(대니 보일 감독, 2015)

〈조이〉(데이비드 O. 러셀 감독, 2015)

네이버 지식백과 〈나비 효과〉 (2016. 7. 8. 네이버 검색자료)

두산백과 지식검색 〈기업가 정신〉 (2016. 7. 7. 네이버 검색자료)

세상을 바꾸는 시간 15분 '눈뜨면도착' 공동대표 박주혁　http://youtu.be/lPeqIFvif3c

활동지 1-1

☆ "기 업 가 정 신" 하면 떠오르는 것은?!

☆ 떠오르는 단어 3가지를 적어 보자.

☞

☞

☞

활동지 1-2

(사진 출처: 세바시 '눈뜨면 도착' 공동대표 박주혁 강연 캡처)

☆ 어떻게 하면 이런 일을 할 수 있을까?

1. '눈뜨면 도착' 프로젝트가 성공할 수 있었던 이유는 무엇인가?

2. 어렵고 힘들었던 순간을 헤쳐 나갈 수 있었던 이유는 무엇인가?

3. 박주혁 씨의 이야기를 통해 깨달은 기업가 정신은 무엇이라고 생각하는가?

활동지 1-3

☆ '눈뜨면 도착' 커뮤니티 버스 사례에서 다음 질문 5가지 영역에 해당하는 요인들을
   찾아보자.

1. 그들이 '보유하고 있는 자원이나 능력'이 무엇인가?

2. 그들이 '기회'를 어떻게 '포착'하였는가?

3. 그들의 '목표'는 무엇인가?

4. 그들이 추구한 사고방식은 무엇인가?

5. 그들이 추구한 행동양식은 무엇인가?

'현재 보유하고 있는 **자원이나 능력**(   )에 구애받지 않고,

기회를 적극적으로 포착(   )하여

자신의 목표(   )를

추구하는 **사고방식**(   )과

행동양식(   )이다.'

☆ '기업가 정신'이란? 자신만의 '기업가 정신' 정의를 내려 봅시다.

```



```

활동지 1-4

☆ '기업가 정신' 개념에서 다루고 있는 각각의 요소를 나에게 적용해 보자.

1. 내가 '보유하고 있는 자원이나 능력'이 무엇인가?

2. 나는 어떤 '기회'를 어떻게 '포착'할 것인가? 나에게는 어떤 기회들이 현재 주어져 있는가?

3. 나의 '목표'는 무엇인가?

4. 내가 추구해야 할 '사고방식'은 무엇인가?

5. 내가 추구해야 할 '행동양식'은 무엇인가?

나의 기업가 정신은……

벤처스타의 생활백서

주제

벤처스타의 생활백서

주요 내용

시대를 읽는 벤처스타의 반성적 사고 기르기

교육 목표

급변하는 시대의 흐름을 인식하고 자신의 현재 삶과 삶의 방식을 돌아보고 점검하며 자신이 가진 자원을 잘 활용할 뿐 아니라 편견의 한계에 갇히지 않고 뛰어넘어 도전하는 삶의 태도를 갖추기 위한 성찰능력을 함양한다.

수업의 기대 효과

이 과정을 통해 시대의 흐름을 이해하고 이에 따라 요구되는 변화되어야 할 인식과 패러다임이 무엇인지를 알 수 있다. 급격한 변화의 시대 속에서 자신만의 자아상을 확립하여 자신만의 개성을 계발하고 자아실현을 위한 삶의 긍정적 태도를 갖추기 위해 반성적 사고의 중요성을 인식한다. 성찰능력이 개인과 공동체의 성장과 성숙을 위한 효과적인 역량임을 알고 삶의 양식을 확립시키기 위한 노력을 기울인다.

⬛ VENTURE STAR 도입 활동

◇◇◇

1. 우리가 사는 세상에 대한 생각 열기

현재 우리가 살아가는 이 시대의 특징에 대해 생각하고 이해한다.

모둠활동 1

준비물: 포스트잇, 네임펜, A4

1. 우리 시대를 이해하는 가장 대표적인 키워드(사물, 단어, 등)에는 어떠한 것들이 있는
   지 적어 보자.
   예) 스마트폰, 페이스북, 급식체, 노령화, ……

2. 공통된 키워드끼리 분류해 보자.

3. 각 키워드가 상징하는 의미와 특징에 대해 모둠별로 이야기를 나누어 보고 발표해
   보자.

   Tip 1 충분히 이야기를 나눌 시간을 제공한다.
   Tip 2 특징들을 상세하게 기술할 수 있도록 촉진한다.
   Tip 3 〈활동지 2-1〉을 활용해도 좋다.

2. 내가 사는 세상 이야기

우리가 현재 살고 있는 시대가 정보통신기술로 인해 초연결·초지능의 특징을 가지고 있음을 안다.

아침에 눈을 뜨면 가장 먼저 무엇을 하는가? 휴대전화를 가장 먼저 찾지는 않는가? 눈을 뜨면서부터 눈을 감을 때까지 우리의 손은 항상 휴대전화를 쥐고 있다. 휴대전화가 없으면 허전하고 불안하기까지 하다. 휴대전화는 우리 삶의 대부분의 정보를 제공해 주고 편리한 생활을 할 수 있도록 도와준다. 스마트폰의 경우 전화 기능을 넘어 사진 찍기, 은행 업무, 길 찾기, 학습 도구 그리고 여가 시간 활용에 이르기까지 그 사용은 무궁무진하다.

우리 시대는 1인 1휴대전화 보급 시대에 이르렀다. 과학기술정보통신부에 따르면 이미 2012년에 휴대전화 수는 우리나라 인구수를 뛰어넘었다. 휴대

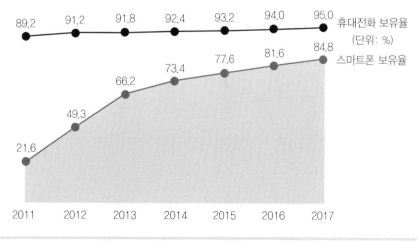

[그림 2-1] 휴대전화 보급 수 연도별 현황

출처: 정보통신정책연구원(2017).
참고자료: KISDI STAT REPORT 2017년 한국미디어패널조사. Vol. 17-23.

전화는 스마트폰과 피처폰으로 나뉘는데, 머지않아 피처폰은 사라지고 모두 스마트폰으로 대체될 것으로 전망된다.

스마트폰은 대량의 지식을 공유하도록 해 주었고, 인간 간의 관계를 더욱 가깝고 친밀하게 만들어 주었다. 우리는 이제 4차 산업혁명시대를 살아가게 되었다고 말한다. 미래 사회를 이야기할 때마다 '4차 산업혁명'이라는 단어가 빠지지 않는다. '4차 산업혁명'이라는 용어는 2016년 세계 경제 포럼(World Economic Forum: WEF)에서 언급되었다. 앞으로의 4차 산업혁명의 특징으로 정보통신기술의 발달에 따른 초연결(hyperconnectivity)과 초지능(superintelligence)을 말한다. 기존 산업혁명에 비해 더 넓은 범위(scope)에 더 빠른 속도(velocity)로 크게 영향(impact)을 끼치고 있다.

 전개 활동

1. 내가 느끼는 4차 산업혁명시대

내가 느끼는 4차 산업혁명시대를 표현할 수 있다.

모둠활동 2

준비물: 포스트잇, 네임펜

1. 4차 산업혁명시대에 대한 나만의 느낌을 형용사로 적어 보자.

2. 각각 표현된 느낌에 대한 이유와 원인이 무엇인지에 대해 모둠별로 이야기를 나누어
   보자.

   Tip 1 4차 산업혁명시대에 대한 막연한 두려움을 가지고 있다. 왜 막연한 두려움을 가
   지게 되는지에 대해 이야기 나누어 보도록 한다.

   Tip 2 두려움과 반대로, 미래 사회에 대한 기대감에는 어떤 것이 있을지 생각해 보도
   록 유도한다.

2. 4차 산업혁명시대 이해하기

산업사회 발전의 역사적인 흐름을 이해하고 시대별 특징을 안다.

테일러 피어슨(Taylor Pearson)은 세계적인 경제 침체가 경제 전환기를 겪
으며 종전 시대 제약 요인을 극복하는 데 따른 투자 소득이 줄어드는 현상을
보이는 것뿐이라고 자신의 저서 『직업의 종말(The End of Jobs)』에서 주장하

〈표 2-1〉 산업혁명시대의 변천

경제	1차	2차	3차	4차
기간	1300~1700년	1700~1900년	1900~2000년	2000년 이후
제약 요인	토지	자본	지식	기업가 정신
경제 유형	농업	산업	정보	창업
지적 혁명	르네상스	계몽주의	실용주의	시스템적 사고
사회적 발명	민족국가	은행	기업	자아
사회적 혁명	종교	정치	금융	비즈니스

출처: Pearson (2017).

고 있다. 그러므로 우리는 세계적 경제 침체를 겪고 있는 것이 아니라, 뚜렷이 구별되는 두 시대의 경제적 전환기에 서 있는 것뿐이라고 표현했다.

오늘날 급속한 발전을 이룰 수 있었던 것은 진보를 가로막는 요소를 찾아내어 그것을 개선하는 방향으로 전환하였기 때문이다. 지난 700여 년간의 역사를 보면 1차 산업혁명시대 이전에는 자연자원이 부의 핵심 요소로, 토지의 축적으로 부와 영향력을 쌓았다. 토지의 축적을 위해 대항해시대가 열리고 유럽 열강은 제3국 침탈에 열을 올렸으며, 이를 통해 교회는 권력을 잃고 교황과 교회가 가지고 있던 권력은 국가와 왕으로 옮겨졌다. 이후 산업의 발달로 농업경제에서 산업경제로 바뀌며 자본이 힘과 권력을 갖게 되었다. 지배계층은 토지를 소유하던 군주에서 은행가로 바뀌었다. 3차 산업혁명을 통해 정보사회의 발달로 자본에서 지식 사회로 전환되었고, 기업이 지식을 통제하며 영향력을 가지게 되었다.

4차 산업혁명은 정보통신기술(ICT) 기반의 새로운 산업 시대의 도래에 대해 컴퓨터, 인터넷으로 대표되는 3차 산업혁명(정보혁명)에서 한 단계 더 혁신을 이룬 혁명으로 일컬어진다. 4차 산업혁명은 인공지능(AI), 사물인터넷(IoT), 빅데이터, 모바일 등 첨단 정보통신기술이 경제·사회 전반에 융합되어 혁신적인 변화가 나타나는 차세대 산업혁명으로, 인공지능, 사물인터넷, 클라우드 컴퓨팅, 빅데이터, 모바일 등 지능정보기술이 기존 산업과 서비스에 융합되거나 3D 프린팅, 로봇공학, 생명공학, 나노기술 등 여러 분야의 신기술과 결합되어 실세계 모든 제품·서비스를 네트워크로 연결하고 사물을 지능화한다.

이러한 4차 산업혁명시대에서의 제약 요인은 지식에서 앙트르프러너십, 즉 기업가 정신으로 전환되었다. 복잡하고 혼란스러운 영역을 헤쳐 나갈 수 있는 능력이 요구된다는 것이다. 그러므로 이 시대를 지배할 수 있는 계층은 기업가 정신을 가진 개인이 될 수 있다.

모둠활동 3

준비물: 포스트잇, 네임펜, 스티커
동영상: 4차 산업혁명시대에 없어질 직업군과 살아남을 직업군 영상 보기

1. 영상을 통해 살아남는 직업과 사라지는 직업의 차이는 무엇인지 모둠별로 이야기를
   나누어 보고 발표해 보자.

2. 그런 시대를 살아가기 위한 나만의 전략을 세워 보자.

> Tip 나만의 전략을 모두 개인 활동으로 작성하도록 하고, 모두 발표하며 동료들로부
>   터 피드백을 받는다. 또는 멀티 보팅을 해도 좋다.

※ 멀티 보팅(multi-voting) 활동
멀티 보팅은 다수결로 의견을 결정하는 투표와 같다. 그런데 한 사람이 하나의 아이디
어만 고르는 것이 아니라, 여러 개의 아이디어에 투표를 할 수 있도록 하는 것이다. 1인
1투표일 경우는 공동체의 이익도 고려하기보다는 자기 자신의 이익만을 고려하게 된다
는 보고이다. 멀티 보팅은 의사결정도구로만 사용되는 것이 아니라 사람들이 그 아이디
어에 대해 얼마나 공감하고 동감하는지 알아보는 데 사용되기도 한다.

3. 패러다임의 전환

급격하게 변화하는 시대의 흐름에 맞게 패러다임의 전환이 필요하다는 것을 안다.

▶️ 동영상: 커네빈 프레임워크 Youtube 'CognitiveEdge'
(https://www.youtube.com/watch?v=N7oz366X0-8)

커네빈 프레임워크(Cynefin Framework)는 데이브 스노든(Dave Snowden)
이 제시한 것으로 인과관계에 따른 문제 상황을 묘사하고 해결책을 제시하는
체계이다. 모든 문제는 단순성, 난해성, 복잡성, 혼돈 등 총 네 가지 영역으로
구분된다.

단순성의 영역은 인과관계가 명확하여 모범 사례를 적용하면 된다. 난해
성의 영역은 인과관계를 파악하기 위해 분석과 조사가 필요하지만, 이는 전
문가의 전문지식을 활용하면 해결된다. 그러므로 단순성과 난해성은 제도적
인 교육을 통해 자격을 취득하는 것으로 가능했다. 하지만 복잡성의 영역은

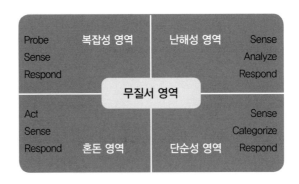

[그림 2-2] 데이브 스노든의 커네빈 프레임워크

출처: Youtube 'CognitiveEdge'(https://www.youtube.com/watch?v=N7oz366X0-8).

그 당시에는 무엇을 해야 할지 알 수 없다. 시간이 지나서 돌이켜 봤을 때 그
제서야 인과관계를 알 수 있으므로, 이는 창발적 사례가 적용되는 것으로 이
러한 난해한 문제를 풀어내기 위해서는 기업가 정신이 필요하다는 것이다.
혼돈의 영역 또한 마찬가지이다. 우리는 이제 이러한 불명확한 시대를 살아
가고 있다.

4. 나 들여다보기

반성적 사고를 통해 나를 알고 자신의 삶의 태도 양식으로 적용할 수 있다.

모둠활동 4

준비물: 색종이(하양, 노랑, 검정, 빨강, 초록, 파랑), 네임펜

1. 자신에 대한 여섯 색깔 모자 활동을 한다.

2. 각 색깔에 따른 주제에 맞게 자신의 감정을 솔직히 적어 보고 이야기 나누어 보자.

하양	노랑	검정	빨강	초록	파랑
자신에 대한 사실 말하기	자신에 대한 장점 말하기	자신에 대한 단점 말하기	자신에 대한 감정 표현하기	각 표현을 다른 관점으로 표현하기	자신을 한마디로 표현하기

※ 여섯 색깔 모자 활동
에드워드 드 보노(Edward de Bono)가 고안한 기법으로 사고의 주된 어려움인 '혼돈'을 한 번
에 한 가지씩 다루게 함으로써 사고를 단순하게 하고 사고에서 '교대(switch)'를 인정하는 방법
이다. 이는 자아와 사고가 분리 가능하도록 하는 의식집중 도구로서 해당 주제에 대한 자신의
감정만을 이야기하는 것이다. 이는 한 순간에 하나의 관점에 집중하게 함으로써 불필요한 충돌
을 막고 의견은 자유롭게 말하되 일정한 방향에 집중되도록 하는 역할을 한다.

> **[활용 방법]**
> 1. 한 번에 하나의 모자만 쓴다. 즉, 한 가지 색깔에 대한 주제에 대해 적어 보고 이야기 나눈다.
> 2. 사고 모자는 몇 번이고 사용 가능하며, 미리 사고 모자 순서를 정해 두고 체계적으로 사용한다. 보통 노랑 모자 다음에 검정 모자를 사용한다.
>
> **Tip 1** 여섯 색깔 색종이가 없어도 좋다. 여섯 색깔 모자를 준비해서 활용해도 좋다.
> **Tip 2** 각 색깔의 특징을 자세히 설명해 줄 필요가 있다.
> **Tip 3** 활동지를 활용해도 좋다.

 마무리 활동

1. 성찰

성찰은 적극적 사고 활동이자 실천적 활동임을 안다.

성찰이란 자신의 생각과 행동에 대해 돌아보고 깊이 생각하는 반성과 숙고이다. 하지만 성찰은 단순히 내면의 반성만을 하고 끝내는 것이 아니다. 다양한 경험을 바탕으로 자신만의 신념을 정립하고 그 신념을 바탕으로 한 실천적인 행동을 이끌어 내는 적극적인 사고 활동이다. 그러므로 성찰은 적극적인 사고 활동과 이에 대한 결과로서의 실천적인 활동의 결합이라고 할 수 있다. 개인적인 경험을 바탕으로 자신의 가치관과 신념에 따라 자신을 분석하고 미래의 자신을 재구성하여 실천적이며 미래지향적인 삶을 꾸려 나갈 수 있도록 바람직한 삶의 행동 양식을 이끌어 내기 위한 일련의 사고 활동이자 실천 활동이다.

〈표 2-2〉는 학자들마다 성찰에 대한 개념을 정리한 것이다.

〈표 2-2〉학자들에 따른 성찰에 대한 개념	
Piaget	기존의 지식 구조 속에 존재하지 않거나 모순되는 새로운 정보나 지식을 만나게 될 때 겪게 되는 인지적 불균형을 통한 인지적 갈등을 해결해 나가는 인지적 과정
Dewey	문제해결이나 문제 상황 개선을 위한 사고의 변화로서의 성찰적 사고
Kolb	경험학습의 과정으로 개인적인 경험들이 삽화적 기억으로 흩어져 있는 것을 의미적 기억으로 체계화하는 과정 가운데 이루어지는 학습 단계
Jarvis	모든 경험이 학습으로 이루어지는 것이 아니라 잠재적 학습 상황에서 성찰을 어떻게 활용하는가에 따라 비학습, 비성찰학습, 성찰적 학습으로 구분되며, 성찰학적 학습은 깊은 묵상, 반성적 연습, 실험적 학습을 통해 고차원의 학습을 하는 것을 말한다.
Freire	자신의 경험에 대해 비판적으로 분석하고 의문을 제기하는 반성적 사고와 실천을 통해 개인적인 의식화와 해당 그리고 사회적 변혁이 일어나는 것이 교육의 목적으로 내성적 성찰이 아닌 변화지향적인 성찰 강조

참고: 안동윤(2006).

성찰은 학습자들이 학습 팀을 이루어 함께할 때 그 효과가 더욱 크다. 사람들은 제각각 자신만의 패러다임으로 세상을 바라보고 해석한다. 각자의 성찰 과정에서 서로의 경험과 생각을 공유함으로써 다양한 관점을 함께 경험하며 학습할 수 있는 기회를 가질 수 있다.

또한 사람들과 공유함으로써 실천 및 적용 계획한 것들을 지키려는 실행 의지가 더욱 견고해지며, 실천 계획한 것들을 실행할 수 있도록 서로 격려하고 독려하게 된다. 서로 밀어 주고 끌어 주고 당기며 함께 바람직한 방향으로 나아갈 힘을 얻게 된다.

2. 성찰일지 쓰기

성찰일지 쓰기를 실천할 수 있다.

성찰은 실천적인 활동을 이끌어 내는 인간의 내면의 적극적인 사고 활동이다. 이러한 사고 활동의 주체인 인간은 정신 활동의 근본 기능으로서 세 가지의 심적 요소를 가지고 있다. 이를 '지정의'라고 하는데, '지성(知性)' '감정(感情)' '의지(意志)'를 말한다. 이를 한마디로 그 사람 자체, 곧 '전인격(全人格)'이라 말하며, 균형적이고 건강한 전인격의 성장을 위해 정신 활동의 근본 기능 세 가지 요소를 균형적으로 발달시킬 필요를 가지고 있다.

그러므로 성찰일지를 쓸 때에는 '지정의'의 세 가지 요소를 충분히 고려하여 작성하면 좋다. 즉, '지'인 지성은 인지적인 차원에서 새롭게 알게 된 지식이나 정보, 깨닫게 된 사실, 어떻게 깨닫게 되었는지에 대한 자세한 진술, 인식의 변화 과정을 깊이 있게 생각해 보고 글로 자세히 적어 보는 것이다. '정'의 경우 감정으로 경험이나 학습 활동에 대한 감정의 상태를 솔직히 적어 보는 것이다. 나의 마음의 상태에 대해 귀 기울여 보고 어떠한 감정을 느끼는지, 어떠한 감정의 변화를 경험했는지 기술해 보는 것이다. '의'의 경우 '의지'로서 실천적이며 행동적인 부분이다. 내가 깨닫고 느끼고 한 것들을 어떻게 내 삶에 현실적으로 실천 가능하도록 적용해 볼까 생각해 보고 글로 나타내 보는 것이다. 이렇게 글로 쓰는 것은 산재되어 있는 생각을 정리하여 체계화하며 정리되어 기억, 파지, 전이하도록 하여 학습 효과를 극대화할 수 있다.

3. 메타인지 전략

자신을 객관적으로 바라보는 삶의 태도를 습득한다.

모둠활동 5

준비물: A4, 네임펜(활동지 활용)

1. 오늘 수업에 대한 성찰일지를 적어 본다.

2. 적은 성찰일지를 발표한다.

3. 발표하는 사람들에게 피드백을 해 준다.

> **Tip 1** '지정의'에 따라 자세히 쓸 수 있도록 한다.
> **Tip 2** 성찰일지를 적을 때에는 솔직하게 모든 것을 적도록 하고 발표할 때는 공개하고
> 읽고 싶은 부분만 읽도록 한다.
> **Tip 3** 긍정적인 언어로 피드백하도록 유도한다.

공부 잘하는 사람들의 공통적인 특징 중 하나로 메타인지가 뛰어나다는 보고가 있다. 메타인지란 자신의 인지과정을 생각하며 자신이 아는 것과 모르는 것을 자각하는 것으로 스스로 문제점을 찾아내고 문제에 대해 해결해 나가며 자신의 학습과정을 조절할 줄 아는 지능과 관련된 인식을 말한다. 즉, 자신의 인지 활동에 대한 지식과 자기조절을 의미하는 것으로, 자신이 무엇을 알고 모르는지에 대해 아는 것에서부터 자신이 모르는 부분을 정확히 알

고 이를 보완하기 위한 계획과 그 계획의 실행과정을 평가하는 것에 이르는 전반적인 인지과정을 의미한다. 이러한 메타인지 능력이 뛰어난 사람은 자신의 사고과정 전반에 대해 이해하고 평가하는 것이 가능하기 때문에 어떤 것을 수행하거나 배우는 과정에서 구체적인 활동과 능력으로 무엇이 필요한지를 정확히 판

[그림 2-3] 인간의 3가지 심적 요소

단하고 이를 기반으로 효과적인 전략을 선택하고 수립해서 실행에 옮길 수 있다.

좀 더 자세히 설명하면 메타인지는 지식과 조절이라는 두 가지 구성요소로 설명할 수 있는데, 구체적으로 보면 먼저 메타인지적 지식(metacognitive knowledge)은 무언가를 배우거나 실행할 때 내가 아는 것과 모르는 것을 정확히 파악할 수 있는 능력이다. 예를 들어, 내가 무엇을 알고 무엇을 모르는지 정확하게 파악하지 못하고 있다면 아는 내용에 대한 문제만 반복해서 푸

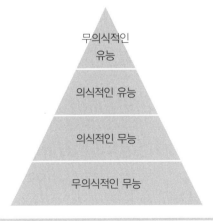

[그림 2-4] 노엘 버치의 학습의 4단계

는 것이다. 아는 부분만 반복적으로 공부한다면 시간만 허비할 뿐 효과적인 시간 활용에 실패하며 성적은 오르지 않는다. 또한 조절이라는 요소는 메타인지적 기술(metacognitive skill)의 측면이라 할 수 있다. 이는 메타인지적 지식에 기초하여 발휘될 수 있다. 예를 들어, 모른다는 것을 알 경우, 모르는 부분을 학습하기 위한 세밀한 전략을 수립하여 사용할 수 있는 능력을 말한다.

노엘 버치(Noel Burch)는 학습에 대한 4단계로 '무의식적인 무능' 단계－'의식적인 무능' 단계－'의식적인 유능' 단계－'무의식적인 유능' 단계로 설명하였다. 처음 1단계인 '무의식적인 무능' 단계는 잘못된 것이라는 사실을 모르고 잘못된 행동을 저지르는 단계이며, 2단계는 '의식적인 무능' 단계로 여전히 잘못된 일을 하고 있지만, 지금은 그것이 잘못을 저지르는 것이라고 인식하는 단계이다. 3단계는 '의식적인 유능' 단계로 옳은 일을 하지만 어떻게 할 것인가에 대해 계속 생각하는 단계이며, 4단계는 '무의식적인 유능' 단계로 신경 쓰지 않고도 그것에 대해 생각할 필요 없이 올바르게 일을 처리할 수 있는 단계를 말한다. 이러한 단계를 거쳐 새로운 기술과 지식을 습득해 나간다고 설명하고 있다. 하지만 버치는 4단계는 새로 습득한 기술과 지식에 대해 숙달된 상태를 말하는 것이지만, 이는 위험한 단계로 개인은 새로 습득한 기술과 지식에 만족하고 무의식적 무능력으로 빠질 위험이 있다고 경고하였다.

모르는 사람.
그가 모르고 있다는 것을 알지 못한다.
어리석다. 그를 피하라.

모르는 사람.
그가 알지 못하는 것을 안다.
학생이다. 그를 가르치라.

알고 있는 사람.

그가 아는 바를 알지 못한다.
잠들어 있다. 그를 깨우라.

알고 있는 사람.
그가 알고 있다는 것을 안다.
선생이다. 그에게 배우라.

-아라비아 격언-

바버라 에런라이크(Barbara Ehrenreich)는 『긍정의 배신(Bright-Sided)』이라는 책에서 무조건 '잘 될 거야'라고 하며 현실을 외면하고 막연하게 긍정적으로만 생각하는 것에 대해 경고하였다. 사회적 문제를 대비하는 힘을 약화시키고 실패의 책임을 개인의 긍정성 부족으로만 돌리는 사회구조적인 모순과 현실을 보지 못하게 하는 막연한 낙관주의를 비판하고 있다. 생각만으로 물질의 세계와 접촉할 수 있다는 신비주의적인 생각을 버리라고 한다. 진정한 '긍정적 사고'는 대중적 환상에서 깨어나 자신의 현실 앞에 주어진 문제를 직시하며 적극적으로 그 문제를 해결하고자 하는 태도와 연결되어야 한다는 것이다. 우리는 우리의 건강에 대해 막연하게 낙관적으로만 생각하고 있지 않는가? 운동은 안 하고 건강에 이롭지 못한 것들을 경계심 없이 섭취하고 접하며 자기관리에 소홀하지는 않은가? 이상적인 사회를 막연히 꿈꾸면서 그와 같은 일들은 누군가가 이루어 줄 거라는 막연한 기대감만 가지고 실제 생활에서 내가 실천적으로 해야 하는 일들에 대해 무관심하지는 않은가? 머나먼 꿈만 꾸고 지금 이 순간 내 앞에 주어진 일에 소홀하지는 않은가?

📖 추천 도서

1. 일취월장(고영성, 신영준 공저, 로크미디어, 2017)

'일취월장'이란 하루가 지나면 새로운 것을 이룩하고 한 달이 지나면 크게 앞으로 나아간다는 의미로, 세월이 지날수록 크게 발전하는 모습을 나타낸 표현이다.

이 책에서는 일을 좋아하면서 잘하기 위한 핵심 요소 8가지로 운, 사고, 선택, 혁신, 전략, 조직, 미래, 성장에 대해 이야기하고 있다. 두 번째 핵심요소인 '사고'에 있어서 여러 사고를 언급하고 있지만, 특히 반성적 사고에 주목할 필요가 있다.

이 책에서는 워렌 버핏(Warren Buffett)의 예를 들며 승자의 자만과 무모함은 자연스러운 현상이지만 그것을 제어하는 것이 반성적 사고라고 언급하며 기록을 통해 반성적 사고를 습관화할 것을 권유하고 있다. 자기 자신을 최대한 객관적으로 보며 반성적 사고를 하게 되면, 내가 무엇을 알고 무엇을 모르는지 객관화해서 볼 수 있는 능력이 생긴다는 것이다.

2. 삶이 내게 말을 걸어올 때(파커 J. 파머 저, 홍윤주 역, 한문화, 2015)

저자는 우리가 자신의 마음에 귀를 기울이기보다는 영웅의 인생을 흉내 내는 고상한 길을 찾고 있다고 지적하고 있다. 우리가 소명이라고 생각하는 것은 자신의 내부에서 길러지기보다는 밖에서부터 부여된 것으로, 이는 심각한 폭력으로 규정짓고 있다. 소명(vocation)은 목소리(voice)를 어원으로 하는데, 자신 내면의 소리로서 내가 살아가면서 이루고 싶은 일이 무엇인지를 말하기에 앞서 내가 어떤 존재이기를 말해 주는 내 인생의 목소리에 귀 기울여야 한다고 말하고 있다.

　자신의 실수 속에서 진실과 소명을 깨달아야 한다는 것이다. 자신에 대해 자랑스러운 면뿐 아니라 싫어하는 것, 부끄럽게 여기는 것까지도 포용해야만 하며, 자신의 한계를 깨닫는 것도 중요하다고 말하고 있다. 또한 한계와 능력 사이의 창조적 긴장 속에서 사는 법을 배우며 실패는 진리에 이르는 필요한 길이고 두려움을 가져서는 안 된다는 것이 아니라 두려움에 빠지지 말고 의지적으로 신뢰, 희망, 믿음을 붙잡으라고 조언하고 있다.

추천 영화

1. 악마는 프라다를 입는다(데이빗 프랭클 감독, 2006)

　앤드리아(앤 해서웨이)는 패션의 '패' 자도 모르고 런웨이 잡지사 문을 두드린다. 그런데 그녀의 옷차림새는 모두를 경악하게 할 만큼 눈에 띄게 촌스러웠다. 그리고 그녀가 모셔야 할 편집장 미란다 프리슬리(메릴 스트립)는 그야말로 지옥에서 온 악마 같은 상사였다. 출근 첫날부터 긴급비상사태로 새벽부터 불려 가고, 매일 야근의 연속, 시도 때도 없이 울리는 핸드폰과 강도가 더해져 가는 미란다의 불가능한 지시는 앤드리아의 숨통을 조여 오기 시작한다. 하지만 앤드리아는 본래의 꿈인 『뉴요커』지의 저널리스트가 되기 위해 런웨이에서 1년을 버티기로 결심한다. 상상할 수도 없는 상사의 요구와 여자들의 끊임없는 암투에도 불구하고 패션계에서 살아남는 법을 터득하기 시작한 앤드리아는 점차 미란다의 마음을 사는 데 성공하고, 촌스럽고 뚱뚱한 모습에서 세련된 패션스타일로 무장한 매력적인 커리어 우먼으로 변신한다.

2. 에린 브로코비치(스티븐 소더버그 감독, 2000)

두 번의 결혼 실패 후 세 명의 아이를 양육해야 하는 에린 브로코비치(Erin Brockovich)의 실화를 바탕으로 한 감동적인 인생 역전 이야기이다.

막무가내로 일자리를 얻은 그녀는 문서정리를 하다가 발견한 사건에 집중하게 된다. 그녀는 미국 거대 기업의 공장 폐기물 불법 방출로 인해 피해를 입은 지역 주민들이 그로 인한 피해인 것을 인식하지 못하고 있었던 것을 알려 주고, 충분한 보상을 받도록 도와준다. 결국 끈질기게 노력하여 승소하였다.

그녀는 작은 것에, 남의 것에, 가까운 것에 최선을 다하였다. 발로 뛰고 귀로 듣고 눈높이를 맞추며 공감해 주었다. "계란으로 바위 치기"와 같은 일이었지만 결국에는 그녀의 노력과 진심을 알게 된 마을 주민들은 함께 동참하게 되었고, 결국에는 고액의 보상금을 받게 되었으며, 그녀 또한 그 노력의 대가를 받게 되었다.

열악한 환경 속에서도 학력이 아닌 끈기와 노력으로 역경을 헤쳐 나갔다. 누구나 자신만의 장점을 가지고 있다. 그것을 가지고 주어진 일에 전심을 다해 몰입하여 성실함을 다하다 보면 전문성을 가지게 된다. 최선을 다하면 최선의 결과를 낳게 되는 것이다.

★★★★ 참고자료

고영성, 신영준(2017). 일취월장. 서울: 로크미디어.

안동윤(2006). 액션러닝에서 성찰의 조직화 사례. 평생교육연구, 12(4), 255-256.

장경원, 고수일(2016). 액션러닝으로 수업하기(2판). 서울: 학지사.

정보통신정책연구원(2017). KISDI STAT REPORT 2017년 한국미디어패널조사. Vol. 17-23.

Bob Bates (2015). *Learning theories simplified: ... And how to apply them to teaching*. Sage Publications Ltd; 1 edition.

Ehrenreich, B. (2011). 긍정의 배신: 긍정적 사고는 어떻게 우리의 발등을 찍는가(전미영 역). 서울: 부키.

Palmer, P. J. (2015). 삶이 내게 말을 걸어올 때(홍윤주 역). 서울: 한문화.

Pearson, T. (2017). 직업의 종말(방영호 역). 서울: 부키.

〈악마는 프라다를 입는다〉(데이빗 프랭클 감독, 2006)

〈에린 브로코비치〉(스티븐 소더버그 감독, 2000)

네이버 지식백과 제4차 산업혁명 〈The Fourth Industrial Revolution, 第4次産業革命〉 (IT용어사전, 한국정보통신기술협회)

네이버 지식백과 〈지정의(知情意., intellect, emotion and volition〉 (교회용어사전: 교회 일상, 2013. 9. 16., 생명의말씀사)

네이버 지식백과 〈또 다른 지적 능력 메타인지−나는 얼마만큼 할 수 있는가에 대한 판단〉 (생활 속의 심리학)

동영상: 커네빈 프레임워크 https://www.youtube.com/watch?v=N7oz366X0-8

https://blog.naver.com/qnard/130105930619

활동지 2-1

☆ 우리 시대를 이해하는 가장 대표적인 키워드(사물, 단어, 등)에는 어떠한 것들이 있는
지 적어 보자.

활동지 2-2

☆ 4차 산업혁명시대에 대한 나만의 느낌을 형용사로 적어 보자.

활동지 2-3

☆ 살아남는 직업과 사라지는 직업의 차이

살아남는 직업	사라질 직업

☆ 그런 시대를 살아가기 위한 나만의 전략은?

활동지 2-4

☆ 여섯 색깔 모자 활동

	표현 적기	다른 관점으로 바꿔 보기(초록)
하양(사실)		
노랑(장점)		
검정(단점)		
빨강(감정)		
파랑 (한마디로 표현)		

활동지 2-5

☆ 성찰일지 쓰기

지	
정	
의	

스타트 업뎃!

주제

벤처스타의 시작

주요 내용

청소년 기업가 정신을 가진 삶의 자세를 적용하여 실천적으로 시작하기

교육 목표

자신의 현재 삶의 방식을 START 관점으로 보고 적용하여 모든 일과 삶에 새로운 출발
을 할 수 있도록 한다.

수업의 기대 효과

START는 기업의 분석 전략 SWOT(강점, 약점, 기회, 위협)과는 달리 조금 더 가벼우면
서도 쉽게 자신을 점검할 수 있는 새로운 방법이다. 구체적으로 자신이 지금 하고 있는
일이나 앞으로 해 나가야 할 일들을 점검해 보며 START 관점을 통해 가이드라인을 제
시한다. 청소년 기업가로서 삶의 바른 태도와 마음가짐을 가지고 구체적인 실천 단계
를 구성하여 시작할 때 정신을 집중하여 노력하며, 잘 안 될 때에는 질문하고 방해요소
를 제거하며 목표를 설정하여 일을 완성할 수 있도록 한다.

도입 활동

◇◇◇

1. 준비운동 하기

청소년 기업가로 시작하기 위해 스스로 만든 불가능하다는 편견을 내려놓고 할 수 있다는 자신감을 갖는다.

모둠활동 1

준비물: '국민체조' 음악
동영상: 졸라맨 국민체조 동영상

1. '국민체조' 음악에 맞추어 준비운동을 해 보자.

2. 국민체조를 하고 난 느낀 점을 적어 보자.

   Tip 1   본격적인 수업을 시작하기 전에 모두 함께 국민체조 음악에 맞추어 운동을 한다.
   Tip 2   활동할 수 있는 공간이 확보되도록 한다.

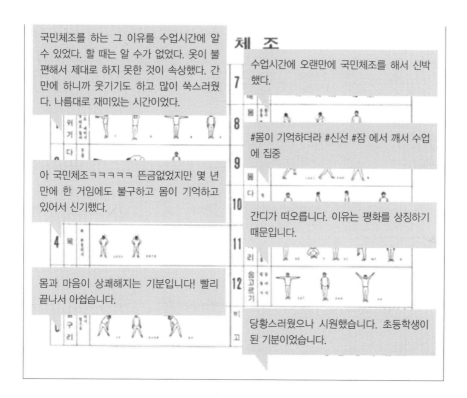

국민체조를 하는 그 이유를 수업시간에 알 수 있었다. 할 때는 알 수가 없었다. 옷이 불편해서 제대로 하지 못한 것이 속상했다. 간만에 하니까 웃기기도 하고 많이 쑥스러웠다. 나름대로 재미있는 시간이었다.

수업시간에 오랜만에 국민체조를 해서 신박했다.

#몸이 기억하더라 #신선 #잠 에서 깨서 수업에 집중

아 국민체조ㅋㅋㅋㅋㅋ 뜬금없었지만 몇 년 만에 한 거임에도 불구하고 몸이 기억하고 있어서 신기했다.

간디가 떠오릅니다. 이유는 평화를 상징하기 때문입니다.

몸과 마음이 상쾌해지는 기분입니다! 빨리 끝나서 아쉽습니다.

당황스러웠으나 시원했습니다. 초등학생이 된 기분이었습니다.

▶ 동영상: 〈응답하라 1988〉 덕선 독서실 1일차(http://youtu.be/7zUtviL3oKs)

마음을 새롭게 하고 열심히 공부를 하려고 할 때 의자에 앉아 바로 책을 펴서 공부를 시작하는가? 어떤 사람들은 책상 정리를 말끔하게 하고 공부를 시작한다. 어떤 사람들은 한숨 자고 공부를 하기도 한다. 또 어떤 사람은 공부 계획서를 완벽하게 만들고 시작하기도 한다. 각양각색의 사람들이 있을 것이다.

운동을 본격적으로 시작하기 전에도 준비운동을 한다. 준비운동을 하는 이유는 주 운동의 효과를 최대한 끌어올릴 수 있도록 몸과 마음의 상태를 점검하고 준비시키기 위함이다.

지금 우리는 청소년 기업가로 시작(START)하려고 한다. 시작은 중요하다.

그래서 "시작이 반이다."라는 속담도 있다. 왜 시작은 반이라고 했을까? 어떤 일이나 행동의 처음 단계로 들어서기가 말처럼 쉽지 않다는 것이다. 시작된 일을 끝마치기보다 시작하기가 더 어렵다.

 전개 활동

◇◇

1. START의 S 이야기

청소년 기업가의 START는 정신을 집중하는 것에서부터 시작한다.

청소년 기업가 정신의 시작을 START의 스펠링인 S.T.A.R.T.를 첫 글자로 하는 단어들로 순서 있게 구성해 보았다. 어떠한 일을 시작할 때 가장 먼저 생각하고 점검해 보아야 할 것으로는 첫 번째 스펠링인 S로 시작하는 단어가 있다. 그것은 바로 'Spirit'으로 정신, 영혼, 마음 등의 뜻을 가진 단어이다. 어떤 일을 시작할 때, 속도(speed)나 감각(sense)도 중요하지만 무엇보다도 Spirit이 중요하다. '여러분이 청소년 기업가로 일을 시작하게 된다면 제일 먼저 어떠한 정신으로 시작할 것인가?'라는 질문에 확실한 답을 가져야 한다. 농부가 씨를 뿌릴 때, 어떠한 정신, 생각, 마음으로 뿌리겠는가? 무럭무럭 잘 자라기를 소원하면서 뿌리지 않겠는가? 온 마음과 정성을 다하지 않겠는가? 청소년 기업가의 시작으로 가장 먼저 생각할 것이 바로 Spirit이다.

정신일도 하사불성(精神一到何事不成)! 정신을 한곳으로 집중하면 어떠한 어려운 일도 못 이룰 것이 없다. "호랑이에게 물려가도 정신만 차리면 살 길이 보인다."라는 속담도 있지 않은가? 실천력을 갖추기 위해서는 무엇보다도 마음을 다스리고 그 마음과 정신을 하나로 모아야 한다.

2. START의 T 이야기

청소년 기업가의 시작은 시도하고 노력하는 것임을 알게 된다.

이어서 START의 두 번째 글자 T이다. Spirit(정신, 생각)만으로는 결코 시작해서 일을 끝맺을 수 없을 것이다. 시도하고 노력하는 'Try'가 필수적으로 필요하다. 어떠한 것을 이루려고 계획하거나 행동하는 시도가 있어야 한다. 일이 되기까지 반복적으로 끊임없이 이루어져야 할 것이다. 그것이 노력이다. 목적을 이루기 위해서 몸과 마음을 다해 애를 써야 한다. 노력이 없는 결과는 없다.

인터넷에 떠도는 발레리나 강수진이나 축구선수 박지성 등 여러 선수의 발 사진을 본 적이 있을 것이다. 자신들의 목표를 위해 피땀 어린 노력의 흔적들이다. 그것을 볼 때마다 숙연해지며 말할 수 없는 감동과 경외감을 가지게 된다.

모둠활동 2

1. 나에게도 노력의 흔적이 있는지 이야기 나누어 보자.

   Tip 예를 들어, 손가락에 펜혹이 있다든지, 운동을 많이 해서 무릎에 뼈가 튀어나왔다든지, 혹은 책을 많이 읽어 눈이 나빠졌다든지 등의 이야기가 있을 것이다.

2. 내게 남기고 싶은 노력의 흔적은 어떠한 것들이 있는지 생각해 보고 그림으로 그려 보자.

최근에는 건강을 위해서뿐만 아니라 멋진 몸매를 가지기 위해 남녀노소 가리지 않고 열심히 운동을 한다. 남성의 경우 복근이라고 찾아보기 어려운 둥근 D자형 배와 힘없이 처지는 팔뚝, 밋밋한 가슴 근육보다는 탄력 있는 복근과 가슴 근육 그리고 딱 벌어진 어깨에서 자기를 잘 관리하고 절제하는 힘과 능력이 있음을 느낀다. 멋진 몸매를 가진 몸짱이 되기 위해서는 식단 조절을 하며 유산소운동과 근육운동을 해야 한다. 한두 번 운동으로는 살도 빠지지 않고 근육도 생기지 않는다. 어지간히 운동해서는 근육이 만들어지지 않는다. 반복적으로 꾸준히 고된 훈련을 이겨 내야 잘 단련된 몸매를 가질 수 있다.

어느 분야에서든지 숙련된 전문가가 되기 위해서는 그 분야에서 1만 시간이 필요하다고 한다. 이는 무작정 시간만 보낸 것을 의미하지 않는다. '숙련된다'는 것은 그 분야에 사용되는 신경회로의 길이 잘 닦여 있는 것이다. 즉, 신경회로가 강화되어 있는 것이라고 할 수 있다.

미엘린(myelin)이라는 신경 절연 물질이 있는데, 미세한 전기 신호가 사슬처럼 연결된 신경섬유회로를 통해 이동함으로써 습득되는 숙련의 과정에서 미엘린은 신경섬유를 감싸는 역할을 한다. 마치 전기 신호가 새지 않도록 구리선을 고무 피복으로 감싸서 신호를 더 강하고 빠르게 만드는 원리와 같다. 미엘린이 신경회로 주위를 겹겹이 감싸면서 절연층을 만드는데, 한 겹씩 늘어날 때마다 실력이 향상되고 속도가 빨라진다고 한다. 정확한 목적에 맞는 노력을 기울이고 실수를 집중적으로 다루는 열정과 끈기가 많으면 많을수록 이 미엘린층은 비대하게 된다. 근육을 만드는 원리와도 같다고 할 수 있다. 기능(skill)의 습득은 뇌 속에서 일어나는 일로 기능(skill) 회로가 발전할수록 우리는 회로를 사용하고 있다는 사실을 덜 의식하며 자동화되고 무의식에 묻히게 된다. 처음부터 가지고 있었던 능력처럼 완전히 자연스럽게 되는 것이다. 힘들고 지쳐도 Try Again 하자. Try Again을 반복한다면 어느 순간에 목적지에 도착할 것이다.

3. START의 A 이야기

청소년 기업가의 시작은 질문하고 묻는 것임을 알게 된다.

START의 세 번째 글자인 A는 바로 'Ask'를 의미한다. 좋은 질문이 있어야 좋은 답을 얻는다. 『세상을 바꾼 질문들』이라는 책을 보면 세상의 편견과 선입견을 깨는 자신을 향한, 또는 세상을 향한 위대한 질문들이 있었기에 시대를 이끌어 가고 지금까지도 이름을 남기는 여러 위인이 탄생했음을 알 수 있다. 자신에게 어떠한 질문을 던지느냐에 따라 미래가 달라질 수 있다. 말에는 능력이 있다. 말을 바꾸면 세상을 변화시킬 수 있다. 질문을 바꾸면 자신과 세상을 바꿀 수 있다.

'우문현답'이라는 말이 있다. 우문현답이라는 것은 질문한 사람이 자신을 낮추기 위해 조언에 대한 감사의 의미로 칭찬의 뜻을 담아 사용하는 말이다. 하지만 다르게 생각해 보면 우문이라 함은 어리석은 질문이라기보다는 '우'의 의미가 '둔하다, 느리다'의 뜻으로 '느린 질문', 즉 오랜 시간 고민 끝에 나온 질문으로 해석해 보면 어떨까 싶다. 오랜 고민 끝에 나온 깊이 있는 질문에는 현명한 대답이 따르지 않을까?

우리 사회는 지식산업사회에서 창조사회로 바뀌었다. 과거의 우리나라는 선진국을 쫓아가는 것이 목표였기 때문에 빠른 성장을 위한 정답이 필요한 사회였으며 단답식의 정답이 존재하는 사회였다. 그러나 이제 우리 사회는 세계를 선도해 나가는 위치에 올랐다. 문제를 발견하고 열려 있는 질문을 하며 불안하지만 새로운 것들에 도전해야 하는 시대가 된 것이다. 그러므로 답보다는 질문이 중요하게 되었다. 질문에 따라 다양한 관점으로의 접근과 깊이 있는 사고력 증진이 가능하며, 다양한 답을 제시할 수 있다.

모둠활동 3

☆ 질문 게임

1. 두 명씩 짝을 지어 서로 얼굴을 마주 보고 번갈아 가면서 서로에 대해 질문을 한다.

2. 질문에 대한 답을 질문으로 한다.

3. 질문으로 말하지 못하면 지는 게임이다.

> **Tip 1** 모둠 안에서 짝을 지어 게임을 진행하고, 모둠 대항으로 모둠 대표를 선발해서 모둠별 리그를 진행해도 좋다.
>
> **Tip 2** 〈활동지 3-4〉를 활용해서 게임에 대한 느낀 점을 작성해 본다. 모든 활동에 느낀 점을 작성하여 반성적 사고를 해 보는 것이 교육적 측면에서 매우 유익하다.

　책에 질문을 할 수 있다. 독서란 독자와 저자의 만남이며 글을 통한 간접 경험이므로 독서를 통해 궁금한 사실을 질문하고 답을 얻을 수 있다. 미처 생각지도 못한 질문들이 떠오를 수도 있고 쉽게 그 답을 얻을 수도 있다. 책을 통하여 답을 얻지 못한다면 다음으로 다른 사람에게 도움을 요청할 수 있다. 사람들은 각자의 삶 속에서 얻은 자신들만의 삶의 지혜가 있다. 그 사람이 대가를 치르고 얻게 된 삶의 지혜가 그의 조언을 잘 경청하고 수용함으로써 내 지혜가 될 수 있다. 내가 가진 질문들에 대해 함께 고민하며 답을 줄 만한 사람들을 찾아 적극적으로 관계를 맺어 나가는 것이 좋겠다. 또한 자신도 타인에게 그런 지혜를 나누어 줄 수 있는 사람이 되어야 할 것이다. 물론 학식이 많은 사람이라고 할지라도 모든 질문에 답을 할 수는 없다. 자신에게 질문하고 자신의 마음의 소리에 귀를 기울여 보자. 결국 질문을 생각하고 그 질문의 답을 찾는 여정을 떠나야 할 사람은 자기 자신이다.

영화 〈꾸뻬씨의 행복여행〉에서 주인공 헥터 씨는 매일같이 불행하다고 외치는 사람들을 만나는 정신과 의사이다. 그런 환경 속에서 '과연 진정한 행복이란 무엇일까'라는 질문을 가지게 되었고 결국 모든 걸 내려놓고 어느 날 갑자기 행복을 찾기 위한 여행을 떠나는 이야기이다. 자신의 삶에서 사소한 질문 하나하나에 대해 깊이 고민해 보고 나만의 답을 찾아보자. 사소한 질문의 꼬리를 무는 질문들이 우리의 인생을 사소하지만은 않게 만들어 갈 것이다.

4. START의 R 이야기

청소년 기업가의 시작은 방해요소와 불필요한 것들을 없애고 제거하는 것임을 알게 된다.

질문에 대한 답을 열심히 찾아도 잘 안 될 때가 있다. 시작은 하였지만 끝맺지 못하도록 하는 방해요소들이 존재한다. 이 방해요소를 찾아 없애는 것이 필요하다. 그때 살펴보아야 할 네 번째 단어가 바로 제거한다는 의미의 'Remove'이다. 씨를 뿌려서 싹이 나고 자라는 데 방해하는 잡초들을 뽑아내고 제거하지 않으면 제대로 꽃 피우고 열매 맺을 수 없다. 또한 밭을 망치는 멧돼지를 잡아 내지 않으면 계속해서 피해를 보게 되는 것이다. 일이 시작되었지만 방해하는 요소들을 제거하지 않으면 절대로 마무리 지을 수 없기에 방해요소를 제거하는 것은 너무도 중요하다.

5. START의 T 이야기

청소년 기업가의 시작은 분명한 목적과 목표를 가지는 것임을 안다.

이제 마지막 단어가 남았다. 시작이 있으면 끝이 있다. 바로 T로 시작하는 '끝, 목적, 목표'라는 의미의 'Target'이다. 어쩌면 가장 중요한 것이 목적, 목표이다. 씨앗의 목표는 열매이고, 길을 떠난 차에게 필요한 것은 도착할 목적지이다. 청소년 기업가로 삶을 출발하여 살아가면서 Target과 유사하면서도 중요한 단어가 바로 Dream이다. 일상 속에서 일어나는 일들을 꿈으로 정하고 사는 사람은 없다. 오늘 점심 식사 한 끼가 꿈인 사람이 여기 있을까? 현실적이며 일상적인 것을 꿈이라고 하지 않는다. 현실 불가능한 일이고 터무니없지만 일어났으면 좋겠다고 생각하는 것, 그것이 바로 꿈이다. 때로는 현실 불가능하고 터무니없는 꿈이라고 하더라도 그 꿈을 이루기 위해 끊임없이 도전하며 작은 것부터 실천해 나간다면 반드시 그 꿈은 이루어질 것이다. 이 세상에서 우리가 누리는 모든 것이 누군가의 꿈이었던 것이었고, 그 꿈들을 이룬 누군가가 있었기에 우리가 현재의 편리함을 누리고 있는 것일 것이다. 물론 앞으로도 현실 불가능해 보이는 많은 이들의 꿈이 분명 끊임없이 도전하는 이들을 통해 이루어질 것이다. 그 꿈의 과녁(Target)을 향해 열심히 활시위를 당겨 화살을 날려 보자. 목표 관리에 대해서는 '4장 벤처스타 목표 관리'에서 더 자세히 다룰 것이다.

마무리 활동

1. 어떤 길을 선택할 것인가?

다수의 사람들이 가지 않는 길이라도 도전정신을 가지고 갈 수 있다.

▶️ 동영상: 인생은 마라톤이 아니다(https://www.youtube.com/watch?v=-BXjpgP6X4I)

대부분의 사람들은 다른 누군가가 시작해서 성공한 일들을 열심히 따라간다. 하지만 누구도 해 보지도 가 보지도 않은 그 길을 개척해서 나아가는 사람을 보고 우리는 도전자라고 부른다. '나도 할 수 있다.'는 자신감을 가지고 작은 일 한 가지라도 누구도 해 보지 않은 것을 선택하고 그것을 위해 구체적인 실천하다 보면 멋진 인생을 살게 될 것이다. 여러분이 그것을 이루게 된다면 그것은 또 다른 누군가의 꿈이 될 수도 있다.

2. 과제 활동

청소년 기업가의 START, 즉 Spirit, Try, Ask, Remove, Target에서 'Remove! 방해요소를 제거하기!'를 실천해 보자. 나에게 나쁜 습관이 있는가? 잘못된 사고방식과 행동양식은 어떠한 것들이 있는지 기록해 보자. 고치고 싶은 생각과 행동이 있다면 바람직한 방향의 모습도 기록해 보자.

📖 추천 도서

1. 하루 1%: 변화의 시작(이민규 저, 끌리는 책, 2015)

이 책의 저자는 개인이든 조직이든 변화를 원하면서도 변화되지 않는 이유는 인간이 현 상태를 유지하고자 하는 강한 본능을 가지고 있으며 변화를 거창한 계획으로 어렵게 생각하고 효과적인 방법을 알지 못하기 때문이라고 지적하였다. 이에 '멀리 내다보고 작게 시작하라'는 구호를 내세우며 작은 힘으로 큰 일을 할 수 있는, 변화를 쉽게 만들 수 있는 지렛대를 찾아 작은 실천에서부터 시작하면 된다고 제안하고 있다. 자기규정에서부터 자기격려까지 변화를 돕는 15가지의 지렛대 원리를 통해 질적인 변화를 이끌어 내고자 안내하고 있다.

2. 꿈꾸는 다락방 1(이지성 저, 국일미디어, 2007)

생생하게 꿈꾸면 이루어진다는 부제와 같이 성공인들은 단순히 꿈만 꾸었던 것이 아니라, 자신의 꿈을 시각화(VIVID)한 후 생생하게 꿈꾸어(DREAM) 결국에 이루어 낸(REALIZATION) 'R=VD' 마니아였다고 말한다. 이 'R=VD' 공식은 저자가 오랜 기간 수많은 사람들의 공통점을 조사하여 분석한 결과를 토대로 만들어진 공식이다. START 기법과 같이 이러한 성공자들의 공식을 따라서 도전해 보라.

추천 영화

1. 애스트로넛 파머(마이클 폴리쉬 감독, 2007)

누구나 어린 시절에는 이런저런 꿈을 꾼다. 꿈이라는 말 자체가 현실 불가
능한 일이 일어나는 것을 말하지만 실제로 그 꿈이 현실이 되기 위해서는 엄
청난 노력과 시간, 사람들로부터의 차가운 조소와 비웃음을 이겨 내야 한다.
농부이지만 우주비행사를 꿈꾸는 주인공. 그의 꿈은 과연 어떻게 되었을까?
정신을 집중하여 노력하고, 모르는 것을 물어보고, 방해하는 요소를 제거하
여 마침내 목표인 그 꿈을 성취한다는 영화이다.

2. 드리머(존 거틴즈 감독, 2005)

인생은 경주와도 같다고 하는데, 경주마를 통하여 인생의 실패와 역경, 어
려움을 가족들이 함께 이겨 내고 기적과 같이 재활에 성공하여 승리한다. 실
화를 바탕으로 만들어진 영화로 앞서 배운 START 기법을 생각하면서 인생의
경주를 승리로 이끌어 내기를 바라며 강력히 추천하고 싶다.

★ ★ ★ ★
참고자료

이민규(2015). 하루 1%: 변화의 시작. 서울: 끌리는 책.

이지성(2007). 꿈꾸는 다락방 1. 경기: 국일미디어.

Coyle, D. (2009). 탤런트 코드: 재능을 지배하는 세 가지 법칙(윤미나 역). 서울: 웅진지
　　식하우스.

〈드리머〉(존 거틴즈 감독, 2005)

〈에스트로넛 파머〉(마이클 폴리쉬 감독, 2007)

활동지 3-1

☆ '국민체조' 음악에 맞추어 준비운동을 하고 느낀 점을 적어 보자.

활동지 3-2

1. 나에게도 노력의 흔적이 있는지 이야기 나누어 보자.

2. 내게 남기고 싶은 노력의 흔적은 어떠한 것들이 있는지 생각해 보고 그림으로 그려
   보자.

활동지 3-3

1. 재미있는 질문이 있었는가?

2. 어떤 질문에 답을 할 뻔했는가? 답을 해 버리고 말았는가?

3. 이 게임의 전략은 무엇이었는가?

4. 게임에서 배울 점 및 느낀 점은 무엇인가?

활동지 3-4

1. 나에게 방해요소가 되는 것들을 생각해 보자.

2. 생각으로 들어오는 많은 잡념의 목록을 적어 보자.

3. 잘못된 습관이 있다면 어떤 것들이 있는지 적어 보자.

※ 방해요소 목록 16개 적기

> Tip 위의 1, 2, 3번의 항목 내용을 모두 다 적으면 된다. 방해요소, 잡념, 잘못된 습관 모두 방해요소 목록에 적고, 모둠별로 빙고 게임을 해도 좋다.

벤처스타 목표 관리

주제

벤처스타의 목표 관리

주요 내용

목표 설정하고 계획 세우기

교육 목표

목표 관리의 필요성과 전략을 알아보고 실제적인 자신의 목표를 설계하여 실천적인 계획을 세워 본다.

수업의 기대 효과

멋진 계획도 작심삼일이 되는 경우가 많다. 목표는 구체적이고 실행 중심적인 계획을 세워 실행이 지속되게 해야 한다. 확고한 자신만의 목적의식을 확립시키고 이를 기반으로 한 구체적인 목표를 수립하여 세분화된 실행 중심적인 계획을 세워 실행할 역량을 점검하며 실천적 능력을 함양해 나가는 것이다.

계획은 아주 작게 세워 실행 가능성을 높이고 꾸준함의 힘으로 삶의 태도를 변화시킨다. 작은 계획의 실행 경험은 작은 성취를 경험하도록 하며, 이러한 작은 성취들이 쌓이고 모여 큰 성취를 이룰 수 있다.

도입 활동

1. 작심삼일……

작심삼일의 원인을 분석해 본다.

모둠활동 1

1. 작심삼일에 대한 경험들을 모둠별로 이야기 나누어 보자.

   Tip   과거 어떠한 계획들을 세워 보고 실패해 보았는지 이야기 나누도록 하면 좋다.

2. 작심삼일에 대한 문제(과거 경험)를 중심에 적어 놓고 그 원인들을 생각하며 마인드 맵으로 작성하고 발표해 보자.

   Tip   1인 1 문제를 다루도록 하고, 먼저 개인이 혼자 그 원인들을 생각해 본 후 이어 다 같이 의견을 나누면서 원인들을 함께 생각해 보고 이야기 나누는 시간을 할애해 준다.

---

2. 작정삼일!

작심삼일을 다른 관점에서 생각해 본다.

'작심삼일'이란 '굳게 먹은 마음이 사흘을 못 간다.'는 뜻이다. 계획한 일이 곧 느슨해지고 풀어져서 흐지부지되기가 십상이다. 다이어트, 금연, 운동, 공부 계획 등등. 끝까지 꾸준히 이루지 못한 일들이 참 많을 것이다.

작심삼일이 되는 원인을 분석해 보면 자발적인 목표 설정이 이루어지지 않았거나 뚜렷한 목표 의식이 부족해서일 수 있다. 목표 달성을 위해 집중할 수 있는 환경이 마련되어 있지 못할 수도 있다. 또는 설정된 목표에 대한 동기부여가 부족하여 꾸준히 목표를 이루고자 하는 실행력이 떨어지게 된다. 자기 조절과 끈기의 부족이 작심삼일의 결과를 가져다주기도 한다.

'작심삼일 100번만 하자.'라는 말도 있다. 계획한 일이 실패했다고 포기하지 말고 잠시 쉬었다고 생각하거나 숨 고르기를 한 것이라고 생각하고 다시 시작하고 또다시 시작하자는 말일 것이다. 그렇게 반복하다 보면 익숙해지고 습관이 되어 계획한 일이 어느새 이루어지는 날이 올 것이다.

 전개 활동

1. 미래의 나

크고 멀리 생각하고 목표를 세우고 그 목표에 맞게 계획을 세워 나간다.

세계적인 탐험가 존 고다드(John Goddard)는 15세 때 기록한 127개의 꿈 중에 111개를 이루었다고 한다. 그리고 그 이후 500여 개의 꿈을 더 이루어 냈다. 그가 꿈의 목록을 적기 시작한 그때부터 그의 인생이 설렘과 도전, 즐거움으로 가득 차게 되었다.

존 고다드는 풍요롭다는 것에 대해 물질적으로 풍족하게 사는 것을 말하는 것이 아니라 삶의 가치와 사람, 정보, 지식, 경험들로 인해 인생이 풍성해지는 것이라고 말하고 있다.

풍요롭고 풍성한 인생을 원한다면 꿈의 목록을 작성해 보자. 배우고 싶은 것, 여행하고 싶은 곳, 탐험하고 싶은 곳, 만나고 싶은 사람들, 개인적으로 꼭 해야 할 일들 등등 아주 사소한 꿈들까지 떠올려 보며 기록해 보자.

꿈은 인생을 풍요롭게 해 준다. 꿈을 이루는 것 못지않게 이루어 가는 과정 이 삶을 풍요롭고 풍성하게 해 줄 것이며, 아마 적는 그 순간부터 이미 그 꿈들 도 부풀어 올라 상상만으로도 행복해질 것이다.

모둠활동 2

동영상: 존 고다드의 꿈의 목록(http://youtu.be/8UhbgaWk2QA)

☆ 나만의 꿈의 목록 100가지(버킷 리스트)를 작성해 보자.

> Tip   인생의 버킷 리스트를 적기 위한 충분한 시간이 필요하다. 수업 시간에 일부를 작성하고 나머지는 과제로 활용해도 좋다.

먼저, 자신의 미래에 대해 상상해 보자. 미래에 이루고 싶은 꿈은 무엇인 가? 미래에 되고 싶은 나를 그려 본다. 여태껏 우리는 상상으로만 끝난 꿈들 이 많다. 이제 상상으로 끝나지 않으려면 실제적인 계획을 세우고 실천해야 할 것이다. 미래에 이루고 싶은 일을 목표로 삼고, 무엇보다 먼저 인생의 목 표로 삼고 싶은 것에 대한 분명한 이유를 찾아야 할 것이다. 그래야 그 이유 에서 목표를 이룰 수 있는 동력을 얻는다. 분명한 이유는 우리의 행동과 태도 를 변화시킬 것이다.

그리고 그것을 이루기 위해 해야 할 일들이 무엇인지 구체적으로 생각해 보고, 지금 당장 내가 해야 할 일들이 무엇인지 결정하는 것이다. 그래야 목표를 이루기 위한 중요한 일과 중요하지 않은 일을 구분할 수 있으며 효과적인 목표 달성 방법을 찾을 수 있다. 그리고 이루기 위한 일을 위해 해야 할 일들을 작게 분리하고 작게 시작하는 것이다. 가장 쉬운 일부터 단계적으로 하나씩 실천해야 한다. 그렇게 하면 부담이 적어서 시작하기가 쉽고 꾸준히 할 수 있다. 작은 성공 경험을 통해 성취감을 경험할 수 있고 자기통제감과 자기효능감을 증가시킬 수 있다. 작은 성취의 반복이 또 다른 성공을 불러오고 마침내 이루고자 한 일을 완성할 수 있다.

2. 목적과 목표

목적과 목표를 구분하고 분명한 목적 의식을 가지고 목표를 세울 수 있다.

'목적'과 '목표'라는 단어를 혼동해서 쓰기도 하는데, 엄연히 의미가 다르므로 구분지어 사용해야 한다. 목적은 이루고자 하는 일이 나아가는 방향을 말한다. 어떤 일을 이루고자 하는 이유, 즉 왜 하고자 하는지를 말하는 것이다. 목적은 주관적이고 자신의 가치관을 담고 있으며 가치 지향적이다. 목표는 목적을 이루려고 지향하는 실제적인 대상을 말한다. 목적이 명확해야 뚜렷한 목표를 설정할 수 있다. 즉, 목표를 이루고자 하는 목적이 명확해야 목표를 이룰 힘을 얻는다.

목적은 나 자신의 존재에 관한 질문, 즉 Being의 문제이다. 내가 어떤 존재가 될 것인지, 어떤 사람으로 살아야 할지, 어떤 가치를 가지고 살아야 하는지에 대한 자신의 내면으로부터 나오는 근본적인 질문이다. 그 질문에 대한 답에 맞게 어떻게 살아야 할지, 무엇을 해야 할지에 대한 답, 즉 Doing의 문제가 목표인 것이다. 실질적인 실천과 행동의 문제인 것이다. 먼저, 여러분 인생의 목적은 무엇인가? 그 목적에 맞는 목표를 세워 보자.

모둠활동 3

1. 나의 삶의 목적은 무엇인가?

2. 그 목적에 맞는 1년, 5년, 10년, 20년 안에 이룰 각각의 목표를 세워 보자.

Tip 앞서 작성한 버킷 리스트와 삶의 목적을 잘 살펴보면서 작성하도록 한다. 작성 할 목표 개수를 지정해 주어도 좋다.

---

3. 한심한 계획

아주 사소하고 작은 계획을 세워 실천력을 높인다.

학창 시절에 누구나 한 번쯤은 방학 계획표를 그려 보았을 것이다. 둥그런 원을 그리고 그 원을 24시간으로 나누어 빼곡히 하루 일정으로 채워 넣었다. 하지만 그런 계획표대로 방학을 지난 사람이 얼마나 있을까?

열심히 공부하기로 다짐하고 계획부터 완벽하게 세운다. 그리고 그 계획 대로 실천하려고 하지만 완벽한 계획대로 실천하기가 여간 쉽지 않다.

이민규가 쓴 『하루 1%: 변화의 시작』에서는 하루 1%만이라도 목표와 관 련된 일을 하라고 권유하고 있다. 하루 24시간의 1%이면 14.4분인데 그 정도 의 시간으로 과연 삶의 목적과 목표를 이룰 수 있을까? 단, 목표에 대한 생각의 끈을 놓지 말아야 한다고 강조하고 있다. 토끼와 거북이의 경주처럼 거북이의 꾸준함이 목적지에 도달할 수 있다는 것으로, 목표 달성을 위해 작은 일을 매일 꾸준하게 하는 것은 결코 작은 일이 아니며, 세상에 꾸준함만큼 무서운 것이 없다고 말하고 있다. 그래서 크게 생각하고 작게 시작하여 빨리 움직이고 다시 도전하라고 말하고 있다.

미국의 기상학자 에드워드 N. 로렌츠 (Edward N. Lorenz)가 처음으로 발표한 이론으로 '나비효과'가 있다. 중국 베이징에 있는 작은 나비의 날갯짓이 대기에 영향을 주어 이 영향이 시간이 지날수록 점점 증폭되고 긴 시간이 흐른 후에 미국의 뉴욕을 강타하는 허리케인과 같이 엄청난 결과를 가져온다

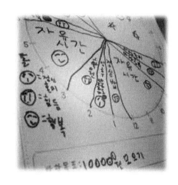

고 한다. 사소해 보이는 작은 사건 하나가 엄청난 결과를 가져온다는 것이다.

자신에 대한 변화를 일으키고 싶다면 반드시 노력이라는 에너지를 투입해야 한다. 하지만 '작심삼일'이라는 말이 있듯이 특히 거창한 계획은 꾸준히 실천하기가 어렵다. 미비하지만 아주 작은 행동의 반복을 거듭하며 멀리 내다보고 작게 시작해야 한다. 작게 시작하면 부담이 적다. 이런 작은 실천의 거듭된 성공은 성취감을 주어 자기통제감과 자기효능감을 증가시킨다. 아주 미비한 작은 실천들이 모여 무언가를 성취해 냈다면, 그다음에는 이전보다 좀더 어렵고 큰일도 해낼 수 있을 것이다. 초기의 작은 시도가 연쇄 반응을 일으켜 기하급수적으로 증폭되는 도미노 효과가 일어날 것이고 우리 머릿속과 마음속에 어느덧 자신감이 자리 잡을 것이다. 그렇게 작은 일이 큰일로 이어지고, 작은 하나의 성공은 또 다른 큰 성공을 불러온다. 아주 작은 나비의 날갯짓이 폭풍우를 만들어 내는 '나비효과'와 같이 작은 실천이 엄청난 결과를 만들어 낼 것이다.

무엇을 성취하고 싶은지를 먼저 생각해 보자. 그것을 성취하기 위해 조급한 마음은 내려놓는다. 그리고 거대한 계획이 아닌 사소하고 미비한, 아니 아주 한심해 보이기까지 한 실천 계획으로 무엇이 있을지 생각해 보자. 계획이라고 말하기에 너무 하찮은 계획을 세워 보자. 예를 들어, 영어 공부를 위해 영어 단어 외우기를 계획한다면 '영어 단어 하루 1개 외우기' 또는 체력을 키우기 위해 '매일 스쿼트 동작 1회 실시'처럼 실천하기에도 몹시 민망한 계획을 세워 보자. 그것마저도 안 한다면 너무 한심한, 계획이라고 하기에는 너무 한심한 계획을 세워 보는 것이다. 너무 한심한 계획이라도 오늘 하루 실천했다면 나 자신한테 잘했다고 칭찬을 해 주고 만족하라. 이 한심한 계획을 실천한 3개월, 6개월 후에 자신이 어떻게 변화되어 있을까? 한심한 계획을 어떻게 실천하게 되었을까? 그 결과는 어떨까? 놀라운 일이 벌어질 것이다.

〈사례 4-1〉 한심한 계획 사례[1]

---

1) K 대학교 2015년 수업 결과물

A 학생의 성찰일지

벌써 한심한 계획을 세우고 실천을 시작한 지 약 70일(10주)이 지났다. 오늘 지금까지 내가 지켜 온 흔적들을 이리저리 돌아보았다. 메모장 10장, 영어 단어장은 7장, 그곳에 가득 메워진 글씨들……

메모장과 단어장의 개수가 늘어 가는 만큼 내 습관을 지키는 진정성과 자연스러움이 많이 늘었다. 이제 불가피한 상황이 아니면 내가 지키려 하지 않아도 습관이 저절로 나온다. 이건 자신감도 아니고, 교만도 아니고, 내 몸의 한 일부처럼 정말 자연스럽게 흘러나온다. 이것은 기적과도 같다.

– 이하 중략 –

한심한 계획을 세우고 그 계획들을 하나하나 실천하면서……
처음엔 부끄럽고 정말 한심했지만……
그것이 하나둘 쌓여서 광장한 일들을 해내는 것을 직접 경험했다.
이전에 없던 자신감이 생기고 나도 잘할 수 있다는 긍정의 마음이 생겼다.
포기와 실패가 아니라 난 이제 달릴 수 있고, 더 빨리 달리고 싶다.
또 다른 계획들을 세우고 실천해야겠다.

모둠활동 4

1. 한심한 계획 세우기 활동을 한다.

2. 학습팀별로 그라운드 룰을 정한다.

3. 각자 세운 계획과 팀의 그라운드 룰을 발표해 본다.

※ 한심한 계획 활동

① 우선 자신의 삶의 목적을 반드시 이루기 위한 꼭 이루어야만 하는 목표 영역을 설정
   해 보자.

   예) 영어 공부, 책 읽기

② 설정된 영역에 해당하는 행동 목표로 아주 사소하고 아주 한심한 분량으로 하루 목
   표를 세워 본다.

   예) 영어 공부: 하루에 영어 단어 1개 외우기

      책 읽기: 하루에 책 한 페이지 읽기

③ 매일 실천하고 있는지 서로 격려하며 서로 확인할 수 있는 학습팀(공동체)을 소셜 네
   트워크를 통해 조직한다.

④ 학습팀의 그라운드 룰을 만들어 본다.

   예) 실천 과제를 몇 시까지 하기! 실천 과제를 안 하면 벌금 얼마! 등

⑤ 아주 사소하고 아주 한심한 실천 과제들을 매일 실천하였는지 학습팀 안에서 점검하
   고 격려하며 학습팀을 운영한다.

> **Tip** 학습팀이 원활하게 운영될 수 있도록 동기부여와 확인이 필요하고, 매주 한심한
> 계획에 대한 성찰일지를 쓰도록 하면 좋다.

4. 만다라트 계획표 만들기

목표를 이루기 위해 실행해야 할 것들을 세분화하여 구체적으로 계획할 수 있다.

야구 국가 대항전 2015년 야구 프리미어 12에서 한국은 개막전에서 일본
에 0:5로 완패를 당했다. 그리고 다시 일본과 준결승에서 만났는데 0:3으로

지고 있다가 9회전에 역전하며 승리하였고 결국 우승하였다. 개막전에서의 완패와 9회까지 한국이 한 점도 득점하지 못했던 것의 이유는 22세의 신에 괴물 투수 오타니 쇼헤이의 활약 때문이었다. 그는 1994년생으로 일본 프로야구에서 구속 101mph(약 162.5km/h)이라는 최고 속도를 기록하였고, 2015년 다승왕, 최우수 평균 자책점, 최고 승률을 기록하였다.

그의 고등학교 1학년 때의 계획표가 화제가 되었다. 이미 고등학교 1학년 때 '8구단 드래프트 1순위'라는 목표를 세우고, 그것을 이루기 위하여 구체적인 실행 방법과 훈련법을 적고 고교 시절 내내 꾸준히 노력하였다.

오타니 쇼헤이가 하나마키히가시고교 1학년 때 세운 목표 달성표

몸 관리	영양제 먹기	FSQ 90kg	인스텝 개선	몸통강화	축을 흔들리지 않기	각도를 만든다	공을 위에서 던진다	손목강화
유연성	몸 만들기	RSQ 130kg	릴리즈 포인트 안정	제구	불안정함을 없애기	힘 모으기	구위	하체 주도로
스태미너	가동역	식사 저녁 7수저 (가득) 아침 3수저	하체강화	몸을 열지 않기	멘탈 컨트롤 하기	볼을 앞에서 릴리즈	회전수 업	가동력
뚜렷한 목표, 목적을 가진다	일희일비 하지 않기	머리는 차갑게 심장은 뜨겁게	몸 만들기	제구	구위	축을 돌리기	하체강화	체중증가
펀치에 강하게	멘탈	분위기에 휩쓸리지 않기	멘탈	8구단 드래프트 1순위	스피드 160km/h	몸통강화	스피드 160km/h	어깨주위 강화
마음의 파도를 만들지 말기	승리에 대한 집념	동료를 배려하는 마음	인간성	운	변화구	가동력	라이너 캐치볼	피칭을 늘리기
감성	사랑받는 사람	계획성	인사하기	쓰레기 줍기	부실 청소	카운트볼 늘리기	포크볼 완성	슬라이더의 구위
배려	인간성	감사	물건을 소중히 쓰자	운	심판분을 대하는 태도	늦게 낙차가 있는 커브	변화구	좌타자 결정구
예의	신뢰받는 사람	지속력	플러스 사고	응원받는 사람이 되자	책 읽기	직구와 같은 폼으로 던지기	스트라이크에서 볼을 던지는 제구	거리를 이미지한다

출처: http://tong.joins.com/archives/15633

이 계획표는 일본의 디자이너 이마이즈미 히로아키가 개발한 발상기법으로, 가장 큰 목표를 세우고 이 목표에 대한 아이디어나 생각들을 사방팔방 거미줄 모양으로 끌어내는 것으로 마인드맵과 비슷하다. 정리가 되어 있지 않은 생각들을 정리할 수 있을 뿐만 아니라 목표를 이루기 위한 문제가 무엇인지 고민할 수 있고, 그 문제에 대한 해결을 위해 생각을 확장하고 조합하여 구체적이고 실제적인 계획을 깊이 있게 세울 수 있다.

모둠활동 5

☆ 만다라트 계획표를 작성해 보자.

※ 만다라트 계획표 작성 방법
① 9개씩의 열과 행으로 된 81칸 정사각형표 가장 중앙에 최종 목표 또는 당면한 문제를 적는다.
② 그 목표나 문제를 둘러싼 주변 8개의 칸에 세부 과제를 적는다.
③ 맨 왼쪽 위에서부터 오른쪽으로 회전하여 작성한다.
④ 채워진 8개의 세부 과제를 주변부 사각형의 중심에 옮겨 적는다.
⑤ 각 세부 과제를 둘러싼 여덟 칸에 해결책을 적는다.
⑥ 총 해결책 64개가 도출되면 이 해결책 64개를 결합하거나 분해하면서 발상과 실천을 구체화한다.

VENTURE STAR 마무리 활동

◇◇

1. 사소한 도전

사소한 도전일지라도 작은 일에 성실함을 다하기로 다짐해 본다.

조선 왕조를 통틀어 업적이 많은 대표적인 왕으로 두 명을 꼽으면 세종과 정조를 들 수 있다. 그중에 정조를 다룬 영화로 배우 현빈 주연의 〈역린〉에서 기억에 남는 장면과 대사가 있다. 편전회의에서 중용 23장의 내용이 무엇인지 중신들에게 물어보았는데 아무도 대답을 하지 못한다. 왕은 상책(내시)인 갑수(정재영 역)에게 읊어 보라고 한다. 영화의 마지막 장면에서도 이 중용 23장의 내용이 반복해서 갑수의 목소리로 나오고 있다.

"작은 일도 무시하지 않고 최선을 다해야 한다. 작은 일에도 최선을 다하면 정성스럽게 된다. 정성스럽게 되면 겉에 배어 나오고, 겉으로 배어 나오면 겉으로 드러나고, 겉으로 드러나면 이내 밝아지고, 밝아지면 남을 감동시키고, 남을 감동시키면 이내 변화되고, 변화하면 생육된다. 그러니 오직 세상에서 지극히 정성을 다하는 사람만이 나와 세상을 변하게 할 수 있는 것이다."

어릴 적부터 왕의 측근으로 심겨져 왕을 죽이려고 준비된 상책 갑수였지만, 왕의 작은 진심 하나하나가 갑수의 마음을 변화시켰고 왕을 위한 상책 갑수의 세심한 보살핌으로 서로 믿고 의지하는 친구가 되어, 왕

은 갑수가 살도록 풀어 주었지만 갑수는 목숨을 걸고 왕을 살렸다. 마지막 장면에서도 광백(조재현 역)이 "나 하나 죽인다고 세상이 바뀌나?"라고 하지만, 정조는 "바뀐다. 모든 정성을 다해 배워 간다면 세상은 바뀐다!"라는 마지막 대사로 영화를 마치고 있다.

정조이산어록에도 이와 같이 기록되어 있다.

"事大小. 愼不可放倒. 小事放倒. 則大事便放倒. 大事不放倒. 自做小事不放倒始."

즉, 크고 작은 일이든 간에 신중하게 하며 함부로 해서는 안 된다는 것이다. 작은 일을 함부로 하게 되면 큰일도 함부로 하게 된다. 큰일을 함부로 하지 않는 것은 작은 일을 함부로 하지 않는 것에서 시작된다는 뜻이다.

2. 과제 활동: 목표 가시화하기

계획서를 눈에 보이도록 가시화하여 지속적인 실행력을 높이도록 도와준다.

작성한 만다라트 계획표를 보기 좋게 만들어 보이는 곳곳에 붙여 보자. 목표나 계획을 한눈에 볼 수 있도록 만드는 것도 중요하다. 머릿속으로만 세우는 계획은 쉽게 잊어버린다. 목표를 눈으로 볼 수 있어야 한다. 해야 할 일들에 대해 전체적으로 조망할 수 있어야 전체 계획의 흐름을 놓치지 않고 붙잡고 계속적으로 실천할 수 있다. 눈으로 보는 것만으로 동기부여가 된다.

실제로 실천할 행동들에 대한 지침을 글로 써 보면 계획에 대해 정리정돈이 되며 기억을 촉진시킬 수 있다. 실천된 것과 실천되지 못한 것들을 체크하며 실천할 방법들을 모색해 나간다. 목표를 실천하는 데 있어 부족한 점이나 성공적이었던 경험, 즐거운 기억, 실패라고 생각되는 상황들을 기록함으로써 실천해 나가는 데 더 구체적인 행동 지침들을 제시하게 되며, 계획도 목표에 맞게 수정해 나갈 수 있다. 모두 자료화한 다음 또 다른 계획들을 세우고 수행해 나가는 데 도움이 될 것이다.

📖 추천 도서

1. 난 황금 알을 낳을 거야(한나 요한젠 저, 이진영 역, 문학동네, 1999)

이 책은 엉뚱한 상상을 직접 행동으로 옮기려 하는 어린이들의 행동 욕구를 포착하여, 어른들도 두고두고 곱씹을 만큼의 철학을 담아내고 있다. 자신의 가능성에 대한 끈질긴 믿음이 현실을 바꿀 수 있다는 것을 간결하면서도 힘차고 시적인 문장과 단순하면서도 섬세하고 강렬한 그림으로 아름답게 표현하고 있는 것이다. 뻔하지 않은 교훈, 깔끔한 감정 처리, 흑백임에도 생생하게 살아 있는 동물의 표정들…… 어른, 아이 할 것 없이 누구에게나 볼 때마다 새로운 즐거움과 감동을 선사하는 탁월한 작품이다.[2]

2. 갈매기의 꿈(리처드 바크 저, 신현철 역, 현문미디어, 2013)

평범함을 쫓아 산다면 힘을 낭비하는 일도, 고통스러운 도전과 실패를 맛보는 일도 없이 마음이 편할 것이다. 하지만 주인공 조나단은 조금씩 높이를 높여 가며 좀 더 높은 곳에서, 속도를 조금씩 높여 가며 빠르게, 때로는 빠르고 부드럽게 방향 전환을 하는 방법을 연구하며 다양하게 나는 법을 연습한

---

[2] 출판사 서평 참조

다. 먹고 살기 위해 나는 것이 아니라 나는 것 자체를 즐기며 그 자체를 알고 싶어 한다. 매일 조금씩 더 자신을 발견해 가고 그 목표를 높여 가며 끊임없이 도전한다. 부딪치고 깨지고 그리고 주변의 비난과 멸시 속에서도 자신의 목표를 이루려고 끊임없이 연습한다. 한계를 벗어날 때마다 새로운 세계가 열리고 그다음 세계가 열린다. 눈에 보이는 한계를 뛰어넘어 자신의 진정한 모습을 찾을 때 참된 자유로움을 얻는다.

삶의 의미에 대해 의문을 가지고 해답을 찾기 위해 한계를 뛰어넘어 도전했을 때 참된 자유함을 얻게 되는데, 이 책은 참된 자유함을 얻으면 수치와 모멸감을 주며 거절했던 자들을 용서할 수 있게 되고 그들을 사랑으로 섬기게 된다고 말하고 있다.

추천 영화

1. 버킷 리스트: 죽기 전에 꼭 하고 싶은 것들(로브 라이너 감독, 2007)

두 말기 환자인 에드워드(잭 니콜슨)와 카터(모건 프리먼)는 살아온 환경이 서로 다르지만 공통점을 하나 발견한다. 그것은 버킷 리스트에 관한 것이었다. 이 영화는 이들이 죽기 전에 꼭 해 보고 싶었던 일들을 이루기 위해 병실을 뛰쳐나와 여행을 떠난다는 내용이다. 영화에서 이런 대사가 나온다.

"너의 인생에서 기쁨을 찾았는가?"
"너의 인생에 다른 사람들을 기쁘게 해 주었는가?"

버킷 리스트 안에 나만의 기쁨만을 위한 것이 아닌 다른 사람들을 기쁘게 해 주는 목록을 추가해야겠다는 생각이 들게 한다. 다른 사람을 기쁘게 하는 것이 곧 내가 더 크게 기뻐할 수 있는 일이며, 인생을 더 풍요롭게 살게 하는 방법일 것이다.

2. 세상에서 가장 빠른 인디언(로저 도널드슨 감독, 2005)

실화를 바탕으로 한 이 영화는 오토바이에 애정을 가지고 있는 뉴질랜드의 한 노인의 인생 후반부 이야기이다. 이 노인의 목표는 속도제한 시속 1000km인 미국 유타 주에 있는 보너 빌 소금 평원에서 달리는 것이다. 이 노인은 63세일 때 뉴질랜드를 떠나 미국에 도착해서 도전을 시작한다. 구닥다리 오토바이를 개조하던 평범한 할아버지였지만 뚜렷한 목표의식을 가지고 있다. 원래 시속 54마일(약 시속 86km)인 오토바이를 개조하여 150마일을 달릴 수 있도록 한다. 인디언은 이 개조한 오토바이의 이름이다.

"가야 할 때 가지 않으면 가려 할 때 갈 수 없단다."라는 명대사처럼 집념과 의지로 끝까지 목표를 이루는 노인의 이야기를 통해 힘과 에너지를 얻는다.

★ ★ ★ ★
참고자료

고전연구회 사암, 손인순(2008). 정조이산 어록. 경기: 포럼.
이민규(2015). 하루 1%: 변화의 시작. 서울: 끌리는 책.

Bach, R. (2013). 갈매기의 꿈(신현철 역). 서울: 현문미디어.
Goddard, J. (2008). 존 아저씨의 꿈의 목록(임경현 역). 서울: 글담 어린이.
Johansen, H. (1999). 난 황금 알을 낳을 거야(이진영 역). 경기: 문학동네.

〈버킷 리스트: 죽기 전에 꼭 하고 싶은 것들〉(로브 라이너 감독, 2007)

〈세상에서 가장 빠른 인디언〉(로저 도널드슨 감독, 2005)

yabrielus의 블로그(2015. 11. 27.). 스포츠 닛폰 기사 인용. https://yabrielus.
    blogspot.kr/2015/11/blog-post_27.html?m=1

활동지 4-1

☆ 작심삼일 경험에 대한 원인을 찾아보자(마인드맵).

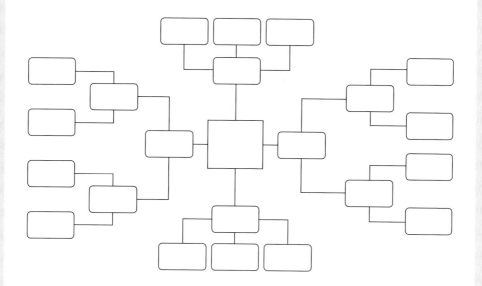

활동지 4-2

☆ 나만의 꿈의 목록 100가지(버킷 리스트)를 작성해 보자.

1		24	
2		25	
3		26	
4		27	
5		28	
6		29	
7		30	
8		31	
9		32	
10		33	
11		34	
12		35	
13		36	
14		37	
15		38	
16		39	
17		40	
18		41	
19		42	
20		43	
21		44	
22		45	
23		46	

47		74	
48		75	
49		76	
50		77	
51		78	
52		79	
53		80	
54		81	
55		82	
56		83	
57		84	
58		85	
59		86	
60		87	
61		88	
62		89	
63		90	
64		91	
65		92	
66		93	
67		94	
68		95	
69		96	
70		97	
71		98	
72		99	
73		100	

활동지 4-3

☆ 삶의 목적은 무엇인가?

☆ 1년, 5년, 10년, 20년 안에 이루고 싶은 것은 무엇인가?

목적	
1년 안에 이루고 싶은 것	5년 안에 이루고 싶은 것
10년 안에 이루고 싶은 것	20년 안에 이루고 싶은 것

활동지 4-4

☆ 한심한 계획을 세워 보자.

	목표 영역	한심한 계획
1		
2		
3		
4		
5		

활동지 4-5

☆ 만다라트 계획표

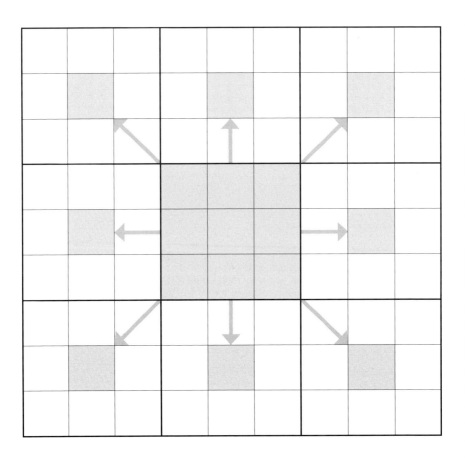

시선 여행

주제

벤처스타의 시선

주요 내용

사물의 현상에 대한 관심과 시야 확장하기

교육 목표

일상생활에서부터 자신의 주변에 대한 관심을 기울이고 시선을 확장시켜, 나아가 지역
사회와 대한민국의 전 지구적 시민으로서의 역할을 이해하고 보다 넓은 시선으로 세계
의 현상을 바라보며 자신만의 실천방식을 모색한다.

수업의 기대 효과

다양한 사물의 현상에 대해 관심을 두는 태도를 가지게 하며 현상에 대한 관찰력을 높
여 인지 영역을 확장시키고 이해의 영역들을 넓혀 가고자 한다. 사고의 고정관념 틀을
깨려는 태도를 가지고, 다양하고 넓은 영역을 수용하는 능력을 키운다. 일상에서부터
의도적으로 시선을 이동하여 인지적 시야를 넓히고 이해의 영역을 확장시켜 새로운 영
역 안에서 자신의 역할을 찾는다.

🗨️ VENTURE STAR 도입 활동

◇◇◇

1. 집의 현관 이야기

일상에서 무심코 하는 행동들일지라도 의도와 목적을 가지고 있음을 안다.

우리가 집을 나가고 들어올 때마다 반드시 지나다녀야 하는 공간이 있다. 그 공간에서 신발을 신고 벗기도 한다. 보통 그 공간에 큰 거울이 있어서 집을 나갈 때 얼굴이나 옷매무새를 확인한다. 물론 바쁠 때는 거울도 한번 쳐다보지 못하고 급하게 뛰쳐나가기도 한다. 우리 집의 안과 밖을 구분하고 그 통로가 되는 이러한 공간을 현관이라고 한다. 현관을 지나지 않고서는 집 내부로 들어올 수 없다.

집의 현관을 사진으로 찍어 보고 한번 자세히 들여다볼까? 현관을 사용하는 우리의 일상생활에 대해 생각해 보고, 현관에 대해 생각나는 에피소드가 있다면 서로 이야기를 나누어 보자.

모둠활동 1

1. 현관에서 일어나는 일상적인 행동 모습에 대해 이야기 나누어 보자.

2. 현관에서 일어났던 재미있는 에피소드가 있다면 이야기 나누어 보자.

3. 서로 나눈 이야기에서 현관에서 보는 것, 행동하는 것, 생각하는 것으로 구분해서 기록해 보자.

Tip 활동 전 주에 과제로 각자의 현관 사진을 찍어 오도록 하는 것도 좋다.

현관에서 이루어지는 일상적인 시선을 포함한 행동에 대해 생각해 보자. 집에서 외출을 하려고 할 때 현관을 바라보고 현관으로 향할 것이다. 현관에서 나의 눈은 어디를 보고 있는가? 왜 그것을 보고 있는가? 그것을 바라보는 나의 생각은 무엇인가? 그리고 어떤 행동들을 하는가? 분명한 생각이 먼저이고 행동이 생각을 뒤따르는 것인가, 아니면 행동이 앞서는 것인가?

일상적으로 신발을 신고 외출하려고 할 때 현관에 들어선 나의 시선은 어디로 향하겠는가? 나의 시선은 지금 신고 나갈 신발로 향할 것이다. 나의 시야에 여러 신발이 들어오지만 그 가운데서도 내가 찾는 신발을 집중해서 바라보게 될 것이다. 혹시 현관에 일상과 다른 예기치 못한 일이 벌어져 있다면 물론 시선은 그쪽으로 향할 것이다. 하지만 일상적으로 마땅히 하는 행동은 집 밖을 나가겠다는 목적에 따라 내가 신고 나갈 신발을 고르고, 그 신발을 찾아 신고, 거울에 한 번 비춰 보기도 하고, 현관문을 열고 나갈 것이다. 밖으로 나가기 위해 현관에서 신발을 찾아야겠다는 생각을 가졌기에 나의 눈은 신발을 찾는 것이다.

신발을 찾아 신으려고 하는데 가족들의 신발들이 너무 어질러져 있는 것이 보인다. 어질러져 있는 것이 신경이 쓰이고 좀 정리해야겠다는 생각이 든다면 나의 시선을 찾던 신발에서 어질러져 있는 신발들로 옮겨 신발들을 정리할 수 있다. 한 짝 한 짝 짝을 맞추어 신발을 찾아서 가지런히 놓거나 신발장에 넣을 것이다. 물론 어질러져 있는 신발들이 나의 시야에 들어온다고 하더라도 전혀 신경에 거슬리지 않고 정리해야겠다는 생각이 들지 않는다면 그냥 나갈 수도 있을 것이다.

거울이 있는 현관에서 자연스럽게 나의 시선은 현관문을 열고 나가기 전 거울로 옮겨진다. 옷매무새나 화장 등을 확인하려고 거울을 바라본다. 스치듯 볼 수도 있고 자세히 들여다볼 수도 있다. 얼굴에 무엇이 묻은 것이 보인다면 분명 얼굴에 묻은 것을 지우고 다시 확인한 다음에 현관문으로 시선을 옮겨서 현관문을 열고 밖으로 나갈 것이다.

2. 시야 이야기

우리의 시야와 시선에 대한 기본 지식을 확인하고, 시선은 생각과 목적에 따라 방향이 정해져 시야의 범위가 결정됨을 알게 된다.

많은 정보를 받아들이는 몸의 감각 중에 눈으로 받아들이는 정보가 큰 비중을 차지한다. 많은 정보를 우리의 뇌로 전달하는 눈은 동물에 따라 그 눈의 위치와 방향이 다르다. 우리 인간의 눈은 정면을 응시하도록 되어 있지만 말 같은 경우는 양 측면에 눈이 위치해 있다. 말의 한쪽 눈이 볼 수 있는 시야의 범위는 수평 190도, 수직 180도로 양쪽 시야 모두 합하여 450도 시야가 확보되며, 오른쪽 눈과 왼쪽 눈의 겹쳐지는 시야는 수직과 수평을 합해서 65도 정도라고 한다. 그래서 경주마들의 눈을 눈가리개를 사용하여 가리는 것은 시야가 분산되어 산만하지 않게 해서 조정하는 기수의 말을 잘 따르도록 하며 경주에 전력 질주할 수 있도록 하기 위해서이다.

시야는 어떤 한 점을 응시하였을 때 눈을 움직이지 않은 채로 볼 수 있는 범위이다. 사물을 볼 때 시선 방향 안에 있는 것은 뚜렷하게 보이고, 주변에 있는 것이라도 완전하지는 않지만 사물의 존재만을 알 수 있다. 이 경우 뚜렷이 보이는 범위를 중심시야라고 하고, 그 주변으로 보이는 범위를 주변시야라고 한다. 집중해서 자세히 볼 수 있는 중심시야는 5도 내외이다. 주변시야의 범위는 시선으로부터 백색일 경우 위로 60도, 아래로 70도, 안으로 60도, 바깥으로 100도이며, 범위가 청색, 적색, 녹색의 순으로 좁아진다.

시야의 기준이 되는 시선에 대해서도 알아보면 시선은 단어에서도 그 뜻을 내포하고 있듯이 선의 성질을 포함하고 있다. 점과 점을 잇는 선, 바라보는 한 점, 그 다음 바라보는 한 점을 잇는 선으로 보는 길이 생긴다.

시선이란 눈이 가는 길 또는 눈의 방향으로 주의 또는 관심을 이르는 말이기도 하다. 시선은 관심이다. 눈길을 주는 그 대상에 관심을 가지고 있으므로 시선이 관심을 가지고 있는 대상에 주목하여 이동하는 것이다. '바라보게 되었다'는 것은 그 대상을 바라보게 된 목적을 가지고 있는 것이고, 그것은 바로 생각이 먼저 시작되어 시선이 이동하게 된다는 의미이다.

그러므로 시선은 생각과 목적에 따라 그 방향이 정해지며, 시선이 기준이 되어 중심시야와 주변시야의 범위가 결정된다.

VENTURE STAR 전개 활동

◇◇

1. 시각 정보의 진실성

인간에게 맹점과 인식의 오류가 있음을 확인한다.

우리 인간의 눈은 시신경이 망막 앞쪽으로 향하고 있어서 그 신경들이 하나로 모여 시각정보가 뒤로 나가는 지점이 있는데, 그 지점은 시세포가 없어 상이 맺히지 않아서 사물이 존재함에도 불구하고 볼 수 없는 지점이다. 이 지점을 맹점이라고 한다. 맹점의 위치는 망막의 중심부에서 코 쪽으로 약 15도 밑에 있고 크기는 세로 7도, 가로 5도의 타원형이라고 한다. 간단하게 맹점이 존재함을 확인할 수 있는 방법이 있다. 종이에 ×표를 그린 후 5~10cm 떨어진 곳에 작은 원을 그리고 팔을 쭉 편 다음, 왼쪽 눈을 감고 오른쪽 눈으로만 ×표를 주시한다. 천천히 종이를 얼굴 가까이로 가져오는데 계속해서 오른쪽 눈으로 ×표를 바라보아야 한다. 얼굴로 가까이 가져오다가 어느 순간 얼굴에서 종이까지의 거리가 25cm 정도 되었을 때 작은 원이 잠시 사라지는 것을 경험할 수 있다. 이것이 맹점으로 인한 우리 눈의 구조적인 문제로 우리 인간이 세상을 바라보는 방식의 한계라고 할 수 있다. 물론 우리가 두 눈으로 사물을 바라보기에 우리의 맹점이 평상시에는 각성되지 못하는 것이다.

모둠활동 2

1. 다음의 글을 큰 소리를 내어 읽어 보자.

> 캠리브지 대학의 연결구과에 따르면, 한 단어 안에서 글자가 어떤 순서로 배되열어 있는가 하것는은 중하요지 않고, 첫째번과 마지막 글자가 올바른 위치에 있것이 중하요고 한다. 나머지 글들자은 완전히 엉진창망의 순서로 되어 있지을라도 당신은 아무 문없제이 이것을 읽을 수 있다. 왜하냐면, 인간의 두뇌는 모든 글자를 하나하나 읽것이 아니라 단어 하나를 전체로 인하식기 때이문다.

2. 읽고 느낀 소감을 이야기해 보자.

> **Tip**   모든 학생이 함께 동시에 소리 내어 읽도록 하는 것이 좋다.

모둠활동 2에 제시된 글을 어떻게 읽었는가? 무엇이 문제였는지 발견하였는가? 글자 배열이 틀리게 되어 있는 것을 발견하였는가? 앞의 내용을 바르게 인용하면 "캠브리지 대학의 연구결과에 따르면 한 단어 안에서 글자가 어떤 순서로 배열되어 있는가 하는 것은 중요하지 않고 첫 번째와 마지막 글자가 올바른 위치에 있는 것이 중요하다고 한다. 나머지 글자들은 완전히 엉망진창의 순서로 되어 있을지라도 당신은 아무 문제없이 읽을 수 있다. 왜냐하면 인간의 두뇌는 모든 글자를 하나하나 읽는 것이 아니라 단어 하나를 전체로 인식하기 때문이다."라는 내용이다. 우리의 시각과 뇌의 인지는 우리가

무엇을 인식할 목적으로 바라보고 있느냐에 반응한다. 빠르게 무슨 내용인지 파악할 의도로 읽었기에 오류를 발견하지 못한 것이다. 설령 일부 틀린 것을 알아챘을지라도 내용을 파악하는 데에는 문제가 없어서 계속 읽을 수 있었을 것이다.

2. 고릴라 실험

눈앞의 유용한 정보를 알아보지 못할 경우가 있음을 알게 된다.

심리학 교수인 댄 시몬스(Dan Simons)와 그의 동료들이 재미있는 실험을 했다. 심리학적 시야에 대한 연구를 위해 30초짜리 동영상을 제작하였다. 여섯 명이서 공을 서로 주거니 받거니 하는데, 흰색 티셔츠를 입고 있는 사람끼리 그리고 검은색 티셔츠를 입고 있는 사람끼리 서로에게 공을 패스한다. 이 동영상에서 흰색 티셔츠를 입은 사람들이 서로에게 몇 번이나 공을 패스하는지 맞혀 보자.

모둠활동 3

동영상: http://www.youtube.com/watch?v=IGQmdoK_ZfY&sns=em

1. 동영상을 보고 흰색 옷을 입은 사람들이 공을 몇 번 주거니 받거니 했는지 맞추도록 한다.

2. 이 문제의 정답을 확인한다.

3. 그럼 이 동영상에서 고릴라를 본 사람이 있는지 확인해 보자.

4. 그 외에 이 동영상에서 처음하고 바뀐 것들이 무엇인지 이야기해 보자.

> **Tip** 이 URL을 통해 영상을 사용할 경우 처음부터 40초까지만 사용하여 문제를 낸다. 3가지 문제에 대한 정답과 이야기를 들은 후 한 번 더 동영상을 보며 확인해본다.

흰색 티셔츠를 입은 사람들이 공을 주고받은 횟수는 16회이다. 그런데 동영상에서 뭔가 이상한 점을 발견하지 못했는가? 혹시 고릴라를 보았는가? 고릴라를 보지 못한 사람도 있을 것이고, 고릴라를 보았지만 정확하게 무슨 행동을 했는지 기억하지 못할 수도 있다. 물론 고릴라가 어떤 행동을 하고 지나갔는지도 정확하게 본 사람도 있을 수 있다. 사람이 사라지는 것을 깨달은 사람도 있을 수 있고, 커튼 색깔이 바뀌면서 달라지는 것을 감지한 사람들도 있을 수 있다.

우리는 문제에 매몰되기 쉽다. 흰색 티셔츠 입은 사람들이 넘겨주는 공을 놓치지 않으려고 그 공에서 눈을 떼지 않고 넘겨주는 횟수를 세는 것에 몰두하였다. 동영상에는 공을 주고받는 것 외에 다른 유효한 정보들이 있을 수 있다. 그런데 문제에만 몰두한 나머지 다른 여러 정보를 놓치고 만 것이다.

이 실험을 통해 우리가 깨달아 알고자 하는 것은 순식간에 변화하는 현대 사회의 환경 가운데에서 많은 기회를 포착하고 이용할 수 있는 방법을 모색해야 하는데, 우리가 고릴라를 못 보았듯이 여러 가지 이유 때문에 눈앞에 지나가는 정보와 기회들을 놓치기 십상이라는 것이다.

우리가 왜 고릴라를 보지 못했는지에 대해 리처드 와이즈먼(Richard Wiseman)은 그의 책 『왜 나는 눈앞의 고릴라를 못 보았을까?』(2005)에서 그 이유를 4가지로 제시하고 있다.

첫째, 심리이다. 고릴라를 보려면 문제인식과 함께 문제해결책을 찾고자 하는 열린 마음을 가져야 한다는 것이다. 문제인식으로 준비된 뇌는 재빠르게 문제해결 기회를 찾는다. 문제에 대해 깊이 생각하는 시간을 가지며 그런 다음 눈이 주위를 살피고 두뇌가 해결책을 찾도록 시간을 준다.

둘째, 고정관념이다. 우리의 두뇌가 세상을 한 가지 방법으로 보게 되면 다른 관점에서 사물을 보기가 어려워진다. 선입견과 가정에 의문을 제기하고 환경이나 과거 경험 또는 감정에 사로잡히지 않아야 고릴라를 볼 수 있다.

셋째, 지나친 스트레스이다. 스트레스를 받으면 큰 그림을 보기보다는 아주 작은 영역에 관심을 집중하게 되고 새롭고 독창적인 방식으로 보지 못하게 된다. 여유롭고 즐거운 태도를 가지는 것이 독창적인 사고를 하는 데 큰 도움이 된다.

넷째, 익숙한 것은 무시해 버리는 우리의 태도이다. 우리의 두뇌는 변화에 민감하지만 익숙해진 것에 대해 신경을 끄는 경향이 있어 생각하기를 멈추고 '그럴 것이다'라고 가정하기 시작하면 기계적으로 변한다. 호기심을 가지고 계속해서 새롭고 평범하지 않은 일을 찾고 그냥 받아들이기보다는 '왜'라는 질문을 하는 것이 새로운 기회를 찾는 데 도움이 될 것이다.

3. 틀에서 벗어나기

중심부에만 치중되었던 시선을 주변부로 돌려 발상을 전환하는 사고를 가지도록 한다.

미술 분야에서 에르곤(ergon)과 파레르곤(parergon)이라는 것이 있다. 요즘은 미술 분야뿐 아니라 연극, 무용 등등의 다양한 분야에서 사용된다. 에르곤은 그리스어로 '작품'을 의미한다. 작품인 ergon은 주변을 의미하는 para와 결합하여 파레르곤, 즉 작품의 밖에 작품과 나란히 있는 어떤 것을 뜻한다. 그림 액자를 보면 그림은 에르곤이고 액자는 파레르곤인 것이다. 예술작품에 포함되지 않고 작품을 효율적으로 드러나게 하는 파레르곤은 주변적인 것에 불과한 것이고 본질적인 것이 아닌 것으로 여겨졌었다. 이것이 바로 칸트(Kant)를 포함한 전통적인 철학자들의 생각이었다. 하지만 데리다(Derrida)에 따르면 그림이 액자에 영향을 받으므로 파레르곤이 에르곤과 무관하지 않다는 것이다. 분명 외부에서 내부로 영향을 받고 있으며 주변적인 것, 비본질적인 것이 오히려 중심적이고 본질적인 것을 가능하게 해 주며 더 중심답고 본질스럽게 만들어 준다는 것이다. 그러므로 에르곤을 벗어나 파레르곤도 예술작품 하나로 보는 것이다.

데리다는 에르곤과 파레르곤을 본질과 비본질 또는 중심 개념이나 주변 개념이 아닌 단순한 일종의 경계 그 자체로 보고 있다. 우리가 화장품을 살 때 로션이 필요해서 로션만 사면 되는데, 우리는 로션만 살 수 없다. 로션을 담고 있는 용기와 그 용기를 포장하고 있는 패키지를 함께 구입하게 된다.

그렇듯 시대를 풍미하는 예술 작품의 작가가 있는 반면, 그 작품을 잘 돋보이도록 만들어야 할 액자 제작자도 분명 필요하고 중요하다. 액자 제작자도 한 분야의 전문가로서 액자 제작에 있어 심혈을 기울여 예술적인 작품으로서 탄생시켜 나간다. 틀 안에 담는 작품과 조화를 이루어 둘로 구분되어 보이는 것이 아니라 일체가 되어 보이도록 만들려고 힘쓸 것이다.

이제 중심부에만 치중되었던 시선을 주변부로 돌려 보자. 당연한 생각들을 뒤집어 생각해 보는 발상 전환이 눈앞에 존재했음에도 불구하고 발견하지 못했던 것들이 있을 것이다. 이러한 발상의 전환이 우리 눈에 보이지 못했던 것들이 보이게 할 것이며 우리의 시야를 넓혀 줄 것이다.

4. Seeker의 탄생

시각 정보를 충분히 활용할 Seeker가 되기로 결심한다.

'보다'라는 뜻의 단어가 영어로는 여러 가지 있다. 그 단어들의 쓰임새가 조금씩 다르다. 먼저, 눈을 감았다가 떠 보자. 눈을 감았을 때 보이지 않던 사물들이 눈을 뜸과 동시에 보인다. 그렇게 눈을 감았다가 떴을 때 자연스럽게 보이는 것을 see라고 한다. 또 look이라는 단어가 있다. look은 사물을 좀 더 집중해서 들여다볼 때 쓰인다. 앞에서 시야에 대한 이야기를 했었는데, see는 주변시야라고 할 수 있겠고, look은 집중시야라고 할 수 있겠다. 이 두 단어를 자세히 들여다보고 있다 보면 새로운 단어 하나가 보인다. 이 두 단어 see와 look에서의 k를 결합한 seek라는 단어이다. seek는 '찾다, 구하다'라는 뜻의 단어이다.

see + look ------》》 seek

+ er = seeker!!

눈을 감았다가 떴을 때 자연스럽게 보이는 사물들 중에서 특별히 내 눈에 들어오는, 즉 집중시야에 들어오는 것은 목적된 생각이 있기 때문에 바라보게 된다. 앞의 현관 이야기를 보면, 어질러져 있는 현관에서는 내 집중시야가 찾던 내 신발에서 주변시야에 위치해 있는 다른 신발로 옮겨짐으로써 또 다른 주변시야를 확보하게 되고 더 넓은 부분을 바라보며 그 부분에 대한 정보를 얻게 된다.

보이는 범위에 의미를 둔 집중시야를 다른 말로 바꾸어 운동성을 담고 있는 시선이라는 단어로 생각해 보자. 시선이란 주목하는 물체와 눈을 잇는 선을 말한다. 시각적인 정보를 얻기 위하여 집중시야 범위에 담기 위하여 가는 길이며 가는 방향인 것이다.

우리는 목적으로 하는 생각을 가지고 그 생각을 따라 우리의 시선 방향을 정한다. 다시 말하면, 목적으로 하는 생각에 따라 우리는 무언가를 찾는다. 집중시야를 옮기면 주변시야에 다른 사물들이 보일 것이고, 다시 그 주변시야 범위 안에 있는 특정 사물로 집중시야를 옮기면 또 다른 사물들을 볼 수 있다. 시선은 우리의 시야 안에서 주어지며 우리가 시선을 어디에 두느냐에 따라 우리의 시야의 너비가 정해진다. 보이는 너비에 따라 우리의 생각도 넓어지고 새로워질 것이다. 내 안에 담고 있는 생각들의 너비에 따라 또다시 시야가 정해지고, 시야 가운데 깨닫는 생각의 시선을 쫓아 행동으로 옮겨질 것이며, 그 행동이 조금씩 쌓여 우리의 인생도 조금씩 변해 갈 것이다.

시선은 나의 생각을 담고 있다. 5도라는 좁은 범위의 집중시야를 쫓아가는 그 시선에는 나의 삶의 목적, 가치관, 지식, 경험 등이 담겨 있다. 나의 눈이 쫓는 시선의 궤적 너비는 내 생각의 너비이다.

영국의 과학자 존 러보크(John Lubbock)는 "우리가 보는 것은 주로 우리가 찾고 있는 것에 달려 있다."라고 말하였다. 그렇다. 우리가 찾고 있는 것을 우리는 본다. 우리가 무언가를 찾던 중 우연히 찾은 것 같은 것들도 우리의 시야 안에 담겨진 것이다. 단순한 우연이 아니라 목적을 가지고 얻은 집중시야를 둘러싼 주변시야에서 얻은 필연적인 산물이라고 할 수 있겠다.

하버드 비즈니스 스쿨의 제10대 학장 니틴 노리아(Nitin Nohria)는 NHK와의 인터뷰에서 "글로벌 인재란 어떤 사람입니까?"라는 질문에 "글로벌 인재란 기회를 쫓는 사람입니다. 즉, 세계 어디에 있더라도 끊임없이 기회를 추구하는 사람입니다(It's Opportunity Seeker's and what I am I mean by that is a person who relentlessly looks for opportunities everywhere in the world)."라고 답하였다.

우리의 시선을 우리의 일상에서부터 시작해서 1cm씩 주변으로 돌려 바라본다면 그 시선은 어느덧 우리 지역사회를 바라보게 될 것이고, 더 나아가 대한민국을 넘어 전 지구적 세계의 현상을 바라보며 그 가운데에서 우리 자신의 역할을 찾게 될 것이다. 지금 우리가 해야 할 일은 어제의 주변에서 시선을 1cm 옮기는 것이다. 1cm를 찾고 구하라. 당신은 'seeker!'이다.

모둠활동 4

1. 모둠별로 교실 밖으로 나가 '발'을 주제로 한 영상을 만들어 보자.

2. 모둠별로 주제 선정 이유 및 제작 과정 가운데 겪은 에피소드 및 느낀 점을 이야기 나누고 발표해 보자.

Tip 1 영상 만드는 시간을 20분으로 제한해도 좋다. 시간을 여유 있게 준다고 더 좋은 작품이 나오는 건 아니다. 좋은 작품을 만드는 것이 아니라 새로운 생각과 활동을 시도하도록 하는 데 그 목적을 둔다.

Tip 2 만든 영상은 그룹 SNS에 올려 학습자들이 모두 보고 피드백하도록 한다.

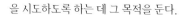

신발 하나로 다양한 관점을 볼 수 있고 20분이라는 짧은 시간으로 영상을 만들 수 있는 순발력이 있다는 걸 깨달은 시간이었다.

발이라는 주제이지만 다르게 볼 수 있는 시각을 키워서 다른 모든 곳에 적용할 수 있으면 더 많은 생각과 자기 계발이 될 수 있을 것 같다.

새로운 관점을 통해 발이라는 영상을 만들어 보는 시간을 가지며 또 다른 누군가가 보는 이 세상을 들여다볼 수 있어서 참 재미있었다.

VENTURE STAR 마무리 활동

1. 다른 사람들의 여러 신발 이야기

시선에 따르는 책임 행동에 대해 생각해 보고 실천 방식을 모색해 본다.

〈맨발의 꿈〉(2010)이라는 영화가 있었다. 이 영화는 동티모르에서 한국인

히딩크라고 불리던 축구 코치의 감동 실화로 유명하다. 촉망받던 축구 선수가 커피 장사로 대박을 꿈꾸었지만 사기를 당하고 대사관 직원의 권유로 귀국하는 길에 거친 땅에서 맨발로 공을 차는 아이들을 보게 된다. 그의 시선은 공을 차는 아이들의 맨발에 꽂혔다. 그는 맨발로 공을 차는 아이들에게 축구화를 팔면 성공하겠다고 생각하고 축구용품점을 차린다. 하지만 짝퉁 축구화조차도 살 돈이 없는 가난한 아이들이었다. 장사가 되지 않자 그는 가난한 아이들을 상대로 하루 1달러씩 할부 계약을 맺고 축구화를 팔아 보기도 한다. 하지만 그마저도 그들에게는 그럴 형편이 못되었다. 그는 용품점을 접고 한국으로 돌아가려고 했지만 맨발로도 열심히 공을 차는 아이들의 축구에 대한 열정에 사로잡혀 미련을 버리지 못하고 그 아이들과 말도 안 되는 축구팀을 결성하고 국제 경기에까지 참가한다.

이 영화와 유사하게 가난한 나라 아이들의 맨발을 똑같이 보고 사회적 기업을 세운 사람이 있다. 이 사람은 아르헨티나를 여행하던 중 신발이 없어 학교에 다니지 못하는 아이들을 보았다. 그래서 그는 귀국하여 신발 가게를 차렸다. 처음에는 후원을 받아 그 아이들에게 신발을 신겼지만, 후원에는 재정의 한계가 있어 사회적 기업을 세운다. 그 기업은 소비자가 신발 한 켤레를 사면 신발 한 켤레를 가난한 나라의 아이에게 후원하는 TOMS 기업이다. One for one, 즉 TOMS의 뜻은 Shoes for tomorrow로 '미래를 위한 신발'이다. 내가 구입해서 신고 있는 TOMS 신발은 한 아이가 학교에 갈 수 있도록 도와줄 뿐만 아니라, 신발을 후원받은 아이에게 그 따뜻한 마음을 전달할 것이다. 신발을 구입한 사람들은 소비자로서 단순히 신발을 사서 소비해 버린다는 생각보다는 후원자로서 그 신발을 신고 있는 자체가 누군가를 돕는 것이라는 생각으로 그 신발을 신고 내딛는 한 걸음 한 걸음이 보람차고 자신의 마음이 먼저 따뜻할 것이다.

지금 TOMS 기업의 시선은 발에서 눈으로 옮겨졌고 확장되었다. TOMS 신발과 같이 TOMS 안경을 생산하고 판매하는데, 안경 하나를 팔 때마다 시력이 안 좋은 가난한 나라의 사람에게 한 개의 안경을 후원한다. 그 안경은 그들에게 또 다른 새로운 삶을 선사하였을 것이다. 안개 낀 듯 흐리멍텅하게만 보이던 세상에서 이제는 분명하고 또렷한 세상이 펼쳐졌을 것이다. 그런 TOMS 안경을 구입한 소비자들은 안경을 통해 보는 세상이 어떠할까?

영화의 주인공과 TOMS 기업을 세운 브레이크 마이코스키(Blake Mycoskie)는 똑같이 가난한 나라의 아이들의 맨발을 보았다. 당신도 그들과 똑같이 그 아이들의 맨발을 보았다면 어떤 생각을 하였을까? 물론 불쌍한 마음이 들었을 것이다. 또 어떤 생각이 들었을까? 그러고는 어떻게 행동했을까? 맨발에 신발을 신겨야 한다는 생각은 같았다. 하지만 신발을 신겨 주는 방법에 차이가 있었다. 영화의 주인공은 아이들이 축구화를 사도록 해서 신겨야겠다고 생각했고, 브레이크 마이코스키는 후원받아서 신발을 신겨야겠다는 생각을 했다. 우리는 자신의 재능에 따라, 관심에 따라 생각한다. 어떤 이들은 생각으로만 끝낼 수도 있지만 또 어떤 이들은 행동으로 옮긴다.

다시 현관 이야기로 돌아가서, 현관에 어질러져 있는 신발들을 보고 그것을 지각했음에도 불구하고 그 시선을 피하고 내 신발만을 찾아 신고 외출해 버린다면 그것은 좀 엄하게 말해 책임 회피라고 생각한다. 물론 미처 깨닫지 못하는 것도 있겠지만, 우리 사회에서 우리가 보고서도 못 본 척 하는 경우도 많다. 폭행당하고 있는 친구를 보고도 돕지 않고 피하는 것처럼 말이다. 시선 회피는 책임 회피이다. 시선에는 우리의 가치관을 담고 그것을 주목하는 것인데, 그것을 회피한다면 우리의 가치관에 반하는 행동을 하는 것이라고 볼 수밖에 없다.

2. 과제 활동: 목적을 둔 시선과 실천

일상에서 실천할 수 있는 책임 행동을 찾아보고 실천해 보도록 한다.

우리는 이 장을 시작하면서 맨 처음에 현관에 대해 이야기를 나누어 보았다. 우리가 거주하고 있는 삶의 공간으로 쉼을 주는 내부 공간과 밖을 연결하는 현관이다. 우리는 현관을 지나 내부와 외부 공간을 반드시 지나다닐 수밖에 없다. 그런 현관을 지나다니며 나만의 필요만이 아닌 우리 가족의 필요의 눈으로 바라보고 내가 할 수 있는 작은 일을 찾아보자.

일주일 동안 매일 자신의 집 현관을 나가고 들어올 때 평상시에 현관에서 하지 않은 행동들 가운데 새로운 일들을 한 가지씩 찾아서 해 보자. 무엇을 했는지를 적어 보고 그 일을 왜 했는지, 또 그 일을 통해 어떤 유익을 얻게 되었는지 적어 보자. 무엇을 할 것인지 찾다가 내 집중시야에 들어온 것이 무엇이며 그것을 바라보며 떠오르는 생각과 그로 인해 실천하게 된 행동은 무엇인지 자세히 기록해 본다. 이러한 활동은 자신의 시야를 넓혀 주고 시각 정보를 확장하고자 하는 목적 있는 시선 처리를 통해 인지 영역을 확장시켜 주며 나의 의도와 생각을 판단하는 습관을 길러 준다. 또한 이를 통해 자신이 할 수 있는 일을 찾아 실천함으로써 삶의 습관과 양식을 변화시킬 수 있다.

📖 추천 도서

1. 왜 나는 눈앞의 고릴라를 못 보았을까?(리처드 와이즈먼 저, 박종하 역, 세종서적, 2005)

세계적으로 화제가 된 고릴라 실험을 통해 사람들이 얼마나 황당하게 눈앞의 기회를 놓치는지 보여 준다. 심리학자이자 프로 마술사인 저자 리처드 와이즈먼은 이 실험을 통해 사람들이 눈 뜬 장님이 되는 것은 보고 싶은 것만 보려는 심리, 고정관념, 지나친 스트레스, 익숙한 것은 무시해 버리는 태도, 이렇게 4가지 마음의 덫 때문이라는 사실을 밝힌다. 또한 책 전반에 걸쳐 진행되는 9가지의 간단하고 재미있는 테스트를 통해 4가지의 덫을 풀어 가는 방법을 제시한다.

2. 소셜 픽션: 지금 세계는 무엇을 상상하고 있는가(이원재 외 공저, 어크로스, 2014)

소셜 픽션이란 사회에 대해 제약 조건 없이 상상하고 이상적인 미래를 그리는 기획 방법이다. 이 상상에는 이렇게 되면 좋겠다는 염원이 담긴다. 상상을 통해 먼 미래의 이상적인 모습을 그리고 나면 거기서부터 현재 무엇을 해야 하는지를 차례대로 생각하고 기획하는 일이 가능하다. 즉, 역방향 기획이다.

세계대전 한복판에서 유럽연합을 꿈꾸며 실현한 이야기에서부터 현실화되어 온 좋은 세상을 상상한 여러 이야기가 이 책에 담겨 있다. 상상을 통해 경직된 사고방식, 생각의 한계를 넘어 보자고 제안하고 있다. 빠르게 변화해 가는 미래를 향해 자신에 대해 상상해 보는 좋은 기회가 된다고 본다.

🎬 추천 영화

1. Who cares?(마라 마라오 감독, 2013)

사회적 기업과 사회적 기업가라는 이름을 처음 만든 사람인 빌 드레이튼과 그가 만든 아쇼카 재단의 아쇼카 펠로체인지 메이커들의 이야기를 영화로 만들었다. 공공의 선을 위해 다양한 일을 해 오던 이들에게 새로운 이름이 생겼다. 바로 소셜 앙트르프러너! 그들이 세상에 질문을 던졌다. "Who cares?"

이 영화는 누구나 변화를 일으키는 체인지 메이커가 될 수 있다는 메시지를 던진다. 사회적 기업이라는 표현을 처음 제시한 아쇼카 재단이 선정한 여러 아쇼카 펠로의 인터뷰를 통해 사회적인 것, 사회적 기업, 기업가, 기업가정신 등 상투적인 텍스트들을 하나씩 되새기며 사회적 기업가로서의 역할과 다짐을 다시금 고민해 볼 수 있는 질문이다.

2. 주토피아(바이론 하워드, 리치 무어 감독, 2016)

이 영화는 우리에게 수많은 선입견이 있음을 깨닫게 해 준다. 먹이 사슬에서 우위인 육식동물만이 경찰이 될 수 있다는 편견을 깨고 초식동물로 대표되는 토끼가 자신의 재능인 큰 귀로 경찰이 될 수 있다는 것, 먹이 피라미드에 따르면 함께 파트너가 될 수 없는 여우와 토끼의 환상적인 파트너십을 보여 주는 것, 아무리 느린 나무늘보도 내면에는 스피드에 대한 욕망이 있다는 것, 북극곰이 당연히 보스일 줄 알았는데 두더지가 보스인 것 등이 생각의 전환을 일으키도록 동기부여를 해 준다. 사자 시장님이 엄청 현명하고 용기 있고 진취적인 줄 알았지만 오히려 겁 많고 초식동물의 민심을 잃을까 봐 두려워하는 것을 보며 동물 세계를 통한 인간 세계의 진상을 엿볼 수 있다.

★ ★ ★ ★ ★
참고자료

강우성(2008). 파레르곤의 논리: 데리다와 미술. 영미문학연구회, 14, 5-34.

서미래(2015). 주변의 사물과 골목의 향연: 본인의 작품을 중심으로. 이화여자대학교
      대학원 석사학위논문.

이원재 외(2014). 소설 픽션: 지금 세계는 무엇을 상상하고 있는가. 서울: 어크로스.

홍진희(2016. 1. 21.). 디지털로 위장한 아날로그의 미학, 영화 〈그랜드부다페스트호
      텔〉. 디아티스트매거진: 영화추천.

Wiseman, R. (2005). 왜 나는 눈앞의 고릴라를 못 보았을까?(박종하 역). 서울: 세종서적.

〈Who Cares?〉(마라 마라오 감독, 2013)

〈주토피아〉(바이론 하워드, 리피 무어 감독, 2016)

고릴라 실험 동영상   http://www.youtube.com/watch?v=IGQmdoK_ZfY&sns=em

교보문고 책 소개 『왜 나는 눈앞의 고릴라를 못 보았을까?』

네이버 국어사전 〈시선〉 (2016. 1. 16. 네이버 검색자료)

네이버 지식백과 〈시야〉 (2016. 1. 16. 네이버 검색자료)

모두를 위한 극장 공정 영화협동조합 작품 정보 〈Who cares?〉 http://popupcinema.kr

활동지 5-1

☆ 현관에서 행동하는 일상적인 모습과 현관에서 일어났던 재미있는 에피소드가 있다면 이야기를 나누어 보고, 현관에서 보는 것, 행동하는 것, 생각하는 것으로 구분해서 기록해 보자.

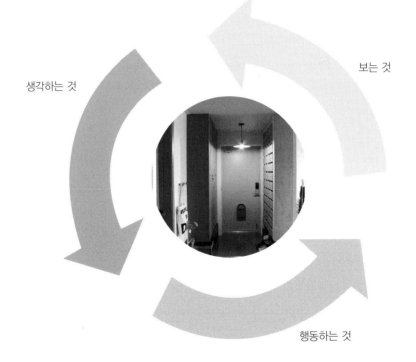

생각하는 것

보는 것

행동하는 것

활동지 5-2

☆ 모둠별로 '발'을 소재로 한 영상을 만들어 발표해 보자.

	영상 내용	그들의 에피소드	나의 느낀 점	이렇게 하면 더 좋을 것 같다!
1모둠				
2모둠				
3모둠				
4모둠				
5모둠				
6모둠				
7모둠				
8모둠				

게임 리스타트!

주제
벤처스타의 위기관리 전략

주요 내용
위기관리를 통하여 나만의 전략 세우기

교육 목표
실패를 통해 교훈을 얻으려는 자세를 가지고 그것을 통하여 전략을 계속적으로 수정하며 끊임없이 도전하는 정신으로 목표를 이루기 위한 실천적인 방법들을 모색해 나간다.

수업의 기대 효과
살면서 우리는 성공할 때보다는 실패할 때가 많다. 실패가 우리에게 주는 유익은 매우 크다. 실패 경험을 통하여 원인을 분석하고 그것에서 교훈을 얻어 다시 적용하여 더 나은 도전을 할 수 있다. 의사결정에 있어서도 실패 요인들을 고려하여 나의 목표를 이룰 수 있는 방법을 실천 가능하도록 구체적이며 세밀하게 계획하고 수정해 나갈 수 있도록 한다.

다른 사람들의 성공 사례보다는 실패 사례에서 얻는 교훈이 더 크다. 다른 사람의 성공 사례를 나에게 적용하기에는 그들의 환경과 변수가 다르다. 그러므로 타인의 성공 요인을 나의 성공 전략으로 적용하기보다는 실패 사례에서 찾은 실패 요인들을 피하는 것으로 나만의 전략에 적용하는 것이 더 보편적이기 때문이다.

실패의 원인을 분석적으로 생각해 보는 반성적 사고는 어느 분야에서나 반드시 필요하며 교육적이다. 반성적 사고를 하는 습관을 통해 대안을 실천적으로 계획하고 실행하도록 해야 할 것이다.

VENTURE STAR 도입 활동

◇◇◇

1. 본격적인 게임 시작!

실패의 순간이 인생의 진짜 레이스의 시작임을 안다.

요즘 많은 사람이 즐겨 보는 예능 프로그램 중에 〈런닝맨〉이 있다. 8명의 고정 멤버가 나오는데 그중에 가장 약체 캐릭터인 멤버는 '지석진'이라는 개그맨이다. 그는 거의 모든 게임에서 제일 먼저 이름표가 뜯기곤 한다. 제일 먼저 이름표가 뜯기고 나면 자막과 버저소리가 나오며 지석진 자신이 "Game Start~!"라고 외치곤 한다. 이제부터 이름표를 뜯는 런닝맨의 본격적인 게임이 시작되었다는 뜻이다.

또한 이 〈런닝맨〉이라는 예능 프로그램에서 가장 인기가 많은 멤버는 '이광수'이다. '아시아 프린스'라는 별명을 가지고 있을 정도로 그 인기는 국제적이다. 그가 인기가 많은 이유는 무엇일까? 그는 멤버들 중에 가장 게임에서 실패를 많이 한다. 실패할 것을 알면서도 배신도 하고 '똥손'이라는 별명이 주어졌을 만큼 선택하는 것마다 꽝이다. 그의 어처구니없는 도전은 쉬지 않고 이어진다. 매번 받는 벌칙 때문에 멋지고 화려한 연예인의 모습이라고는 온데간데없다. 우스꽝스러운 모습에 시청자들은 눈물 나도록 웃고 즐거워하며 열광한다.

물론 TV 프로그램의 게임 이야기이기는 하지만, 우리의 인생을 보면 이 예능 프로그램 한 편처럼 실패에서부터 본격적으로 삶의 치열한 이야기가 시작된다. 우리의 삶은 성공보다는 실패를 더 많이 경험해 왔고, 앞으로도 그럴지 모른다. 이렇듯 계속되는 실패 그 자체가 우리네 인생의 이야기를 만들어 갈 것이며, 우리에게는 실패로 인해 넘어진 그 자리가 다시 일어나 전진하는 출발점이 될 것이다.

모둠활동 1

1. 인생의 롤모델로 삼고 싶은 사람의 실패 경험 이야기를 인터넷을 활용하여 조사해 본다.

2. 그 인물의 실패 경험에 대한 실패 원인을 나름대로 분석해 본다.

3. 모둠 안에서 자신이 조사한 인물의 실패에 대해 이야기 나눈다.

4. 모둠별로 각 인물에 대한 실패 이야기를 발표한다.

Tip   롤모델의 실패에 대한 정보를 얻지 못할 경우 다른 사람을 임의로 선정하도록 한다. 그리고 도전이 될 만한 실패 이야기로 정보를 수집하도록 한다.

VENTURE STAR 전개 활동

1. 실패 이야기

성공한 대부분의 사람들은 수많은 실패를 경험했다는 것을 알게 된다.

1) 유도 선수 왕기춘 이야기

우리나라 유도 선수 중에 왕기춘이라는 선수가 있다. 아테네 올림픽 금메달리스트인 이원희 선수를 꺾고 2008년 베이징 올림픽에 출전하게 되었다. 그는 한판승으로 승승장구하며 올라가던 중 8강전에서 갈비뼈 골절상을 입게 되었고, 정작 결승전에서는 힘 한 번 써 보지 못하고 아제르바이잔의 엘누르 맘마들리 선수에게 경기 시작 13초 만에 한 판으로 패배하며 은메달을 획득하였다. 그 이후 그는 악플에 시달리며 망연자실하고 선수생활도 포기할까 하는 절망적인 상황에까지 빠지기도 하였지만, 슬럼프를 딛고 일어나 다시 운동을 시작하였고, 그런 그가 2010년 광저우 아시안 게임에 출전하여 결승에까지 오르게 되었다. 그런데 상대 선수인 아키모토 선수가 준결승전에서 발목 부상을 당해 발을 절며 결승전에 나오게 되었던 것이다. 왕기춘 선수는 아키모토의 발목 부상을 알고는 아키모토의 발목 부위를 공격하지 않았다. 발 기술은 사용하지 않고 경기 내내 업어치기 기술을 사용하였다. 하지만 결국 유효를 빼앗기며 금메달을 놓치고 말았다. 찰나의 기술이 승패를 결정짓는 경기에서 상대 선수를 배려하며 승리만을 목적으로 삼지 않았던 것이다. 아쉬웠지만 너무나도 아름답고 자랑스러운 은메달이었다. 그는 세계선수권 대회나 아시아선수권 대회에서는 수차례 금메달을 따기도 했지만 올림픽과 아시안 게임에서는 금메달을 한 번도 따지 못했다. 그런 그는 2016년 리우 올림픽 대표에 선발되지 못하여 3연속 올림픽 출전의 목표를 이루지 못하고 은퇴하게 되었다. 이런 실패의 연속인 그의 삶이 실패한 인생이라고는 할 수 없을 것이다. 때로는 자신의 목표가 좌절되고 실패했을지라도 다시 일어나 수없이 도전하며 많은 이들에게 최선을 다한 인상적인 경기로 기억에 남는 그는 진정한 삶의 승리자일 것이다.

2) 작가 조앤 롤링 이야기

　해리포터 작가인 조앤 롤링(Joan K. Rowling)은 과거에 싱글맘이었고 무직이어서 정부 생활 보조금으로 간신히 생활했던 시절이 있었다. 첫 번째 책인 『해리포터와 마법사의 돌』은 대형 출판사에게 모두 거절당했다. 비교적 소규모의 출판사와 천신만고 끝에 계약을 맺었지만 불과 1,500파운드(당시 200만 원 정도)의 선인세를 받았고, 초판은 고작 500부밖에 간행되지 않았으며, 출간 당시 서평 기사 한 줄 없었다. 판타지 아동 소설 작가는 대개 남성이었는데 작가가 여성으로 밝혀지면 독자들이 책을 사지 않을 수 있다는 우려 때문에 이름을 바꾸라는 조언을 듣고 'J. K. 롤링'이라는 필명도 사용하게 되었다. 그런 그녀의 책은 전 세계 4억 5,000만여 권 팔리고 그 영화 시리즈는 70억 달러(약 8조 3,000억 원)의 매표 수입을 올리며 '해리포터 열풍'을 일으켰다.

3) 과학자들의 실패 이야기

　많은, 아니 거의 모든 과학자는 많은 실패를 통해서 과학적 사실들을 증명해 내며 새로운 것을 발견하고 발명해 낸다. 실패에도 불구하고 끊임없는 도전을 통해, 그리고 때로는 실수로 우연히 하게 된 생각과 행동을 통해 새로운 것들이 발견되는 것을 볼 수 있다. 액체 추진제 로켓 추진 기관 분야의 연구를 국내 최초로 시작한 로켓 박사 채연석은 이렇게 말했다. "실패가 빤히 보이지만 일생을 걸어 보기로 한 길이었다. 내가 믿은 것은 성공이 아니라 실패의 과정, 그러니까 이 경험들이 후배들에게 도움이 되리라는 것이었다. 내 실패가 쌓여 나중에 성공의 밑거름이 된다면 그것만으로도 연구를 해야 할 이유가 충분했다." 채연석 박사의 말처럼 실패는 단순히 실패로 끝나는 것이 아니다. 실패로 인해 얻은 중요한 정보와 가치가 분명 있다는 것이다.

PART 2 벤처스타 프로그램

4) 혼다 기업 이야기

도요타, 닛산 자동차와 함께 일본 3대 자동차 기업 중 하나인 혼다 기업은 글로벌 다국적 기업으로, 이 기업의 슬로건은 'The Power of Dreams'이다. 도쿄에서 북동쪽으로 130km 떨어진 도치기 현 우츠노미야 시에 있는 모테기라는 작은 마을에 혼다의 자동차 박물관과 트윈 링 모테기(Twin Ring Motegi, 레이싱 경기장)가 있는 도이치 R&D 센터가 도쿄돔 137배의 규모로 세워졌는데, 여기서 혼다의 기업 정신을 한눈에 볼 수 있다. 도이치 R&D 센터 콜렉션 홀 1층 입구에는 혼다의 창업주인 혼다 소이치로가 직접 쓴 '몽(夢)'이라는 글자가 전시되어 있다. 그 꿈을 실천하기 위해 혼다는 실패를 권장하고 있다. 그래서 '올해의 실패 왕'이라는 제도가 있다. 매년 연구자 가운데 실패를 가장 많이 한 직원에게 100만 엔을 지급한다고 한다. 실패를 통해 도전하는 직원들을 격려하는 것이다. 창조는 반드시 많은 시행착오를 거쳐야 이룰 수 있다. 최선을 다한 실패를 인정하고 도전을 중요시하는 혼다의 기업 문화가 이 기업을 세계적인 자동차 회사로 만든 것이다. 실패를 통해 잘못된 점을 분석하고 연구하는 과정 가운데 성공으로 가는 길이 보이므로 새로운 일에 도전하고 성공과 발전의 과정에서 벌어진 실패는 항상 유효하며 항상 용납되어야 할 것이다.

5) 나만의 실패 이야기

글로벌 기업에 입사하기 위해서 자기소개서에 꼭 들어가야 하는 내용이 있다. 면접시험 문제로도 출제되는 것인데, 바로 실패 경험에 대한 것이다. 실패는 사람을 겸허하게 만들며 타인을 더 깊이 이해하게 만든다. 인격은 배우고 훈련한다고 쉽게 얻어지는 것이 아니라 실패를 통해 성장하는 것이다. 실패 경험의 이야기를 통해 인격이 고스란히 묻어 나오게 된다. 『세계 최고의 인재들은 실패에서 무엇을 배울까』(사토 지에 저, 21세기북스)에서는 리더는 의식적으로 고독과 싸우고 겸허한 마음으로 주위 사람들에게 끊임없이 배우려고 노력해야 한다고 제안하고 있다. 실패 원인을 분석하여 실패 요인을 제거해야 할 것인지, 더 강화시켜야 할 것인지, 다른 것으로 대체하여야 할 것인지, 어떻게 변화시켜야 할 것인지를 결정하는 근거로 마련하는 것이다.

모둠활동 2

1. 나의 실패나 실수 경험에 대해 이야기 나누어 보자.

2. 그 실패의 원인은 무엇인지 생각해 보자.

3. 실패에서 얻은 교훈은 무엇인지 이야기 나누어 보고 발표해 보자.

> **Tip** '지금까지 살면서 가장 힘들고 어려웠던 추운 시절은 언제였는가?'라는 주제를 제시하고 그림을 그려 보도록 하고 그 그림을 설명하도록 해도 좋다.

---

2. 의사결정나무

실패의 원인을 분석해 보고 합리적인 절차를 통해 의사결정을 하는 방법을 알게 된다.

의사결정이란 문제해결과 관련된 미래의 행동 대안 중에서 최선의 대안을 선택하고 결정하는 행위이며, 선택된 최선의 대안을 실행에 옮기고 그 결과를 평가하고 환류하는 과정을 말한다. 의사결정 과정은, 먼저 기능을 수행해 나가는 과정에서 발생하는 어려움을 인식하고 문제를 정의한다. 두 번째로, 문제를 해결하는 데 필요한 자료나 지식을 수집하고 분석한다. 세 번째로, 해결 방안 탐색을 위하여 분석된 자료를 기반으로 문제해결을 위한 적절한 기준을 설정한다. 네 번째로, 최상 혹은 최선의 대안을 선택하고 마지막으로 실행 전략이나 계획을 수집하여 대안을 실행한다.

　의사결정을 위한 여러 이론 가운데 의사결정나무 이론이 있다. 의사결정 규칙을 나무 구조로 도표화하여 분류와 예측을 수행하는 분석 방법이다. 어느 대안이 선택될 것인가와 일어날 수 있는 불확실한 상황 중에서 어떤 것이 실현되는가에 의해 여러 결과가 생기는 상황을 나뭇가지와 같은 모양으로 도식화한 것이다.

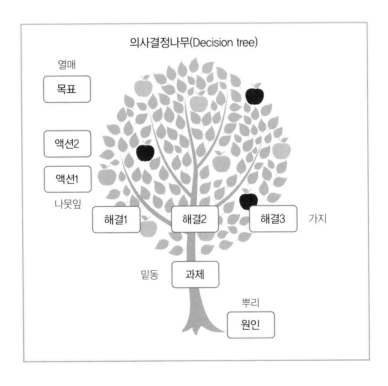

 의사결정나무 이론을 근거로 단순화한 모델을 적용하여 행동수정을 시도해 보자. 실패의 원인과 그 과정에 대해 자세히 분석해 보는 것이다.

 먼저, 나무 밑동에 나의 실패에 대한 주제가 되는 단어를 적는다. 그리고 그 문제의 여러 원인을 뿌리에 적어 본다. 그 원인의 원인을 계속 뿌리로 내려가며 적어 보는 것이다. 실패에 대한 그 주제가 일으키는 현상들을 단계적으로 가지에 적는다. 그로 인해 어떤 실패의 결과를 얻었는지 나뭇잎에 적어 보고 이후에 어떤 실패의 결과물들이 나올지에 대해 열매에 적어 본다.

 예를 들어, 늦잠을 자는 습관 때문에 시험 시간에 늦어 시험을 치지 못했던 경험이 있었다고 하자. 먼저, 밑동에 늦잠 자는 습관이라고 쓴다. 늦잠 자는 원인을 생각해 보고 뿌리에 적는다. 그 원인의 원인을 생각해 보고 뿌리를 이어 나가며 적으면 된다. 가지에는 나의 늦잠으로 인해 어떤 생활 습관이나 현상이 보이는지 적으면 되는데, 약속 시간에 늘 늦는 생활 모습이 있다면 가지에 적어야 할 것이다. 그런 생활 모습으로 인해 어떤 결과를 가져왔는지 잎에 적는다. 여러 잎사귀 중 하나에 시험에 늦어 시험을 보지 못했던 경험을 적는 것이다. 그리고 그 시험을 보지 못해서 어떤 결과를 얻게 되었는지 또는 얻게 될지에 대해 열매에 적어 보면 된다.

 또는 실패에 대한 문제를 정확하게 규정하여 그 문제를 밑동(trunk)에 적고 그에 대한 원인을 뿌리(root)에 적어 내려간다. 원인에 잠재 원인을 뿌리로 이어 가며 적어 내려간다. 문제를 규정하여 적어 놓은 밑동 위로는 그 문제에 대한 해결 아이디어를 가지(branch)에 적고, 그 해결 아이디어를 실현할 수 있는 구체적인 액션들을 잎사귀(leaf)에 적는다. 마지막으로 그러한 액션들을 통해 이루고자 하는 최종 목표를 열매(fruit)에 적어 본다.

모둠활동 3

1. 기억에 남는 나의 실패 경험을 떠올린다.

2. 의사결정나무 밑동에 실패에 대한 주제를 적고 실패 원인을 뿌리에 이어 나가며 적
   어 본다.

3. 실패에 대한 현상과 결과, 예상되는 결과까지 가지와 잎, 그리고 열매에 기록해 본다.

4. 모둠별로 서로의 의사결정나무를 돌려 보면서 분석해 주고 내용을 보충해 준다.

5. 모둠별로 발표하고 서로 피드백을 해 주는 시간을 가진다.

> Tip 실패에 대한 원인과 실패에 행동으로 인한 결과(썩은 열매)에 대한 활동을 할 수
> 도 있고 실패에 대한 원인과 실패를 해결할 수 있는 아이디어에 따른 액션과 목
> 표를 설정해 보는 활동으로 할 수도 있다.

3. 성공명제 만들기

성공에 대한 생각의 오류를 발견해 보자.

> Tip 수학적인 개념을 바탕으로 한 명제에 대한 지식이 필요하다. 명제에 대한 쉽고 명쾌
> 한 설명이 필요하다.

명제란 참, 거짓을 구별할 수 있는 문장이다. 용어의 뜻을 분명하게 정한 문
장인 정의와는 구별된다. 참인 명제는 그 내용이 항상 옳은 명제이며 내용에

대하여 한 가지라도 옳지 않은 경우가 있으면 거짓 명제이다. 수학에서 이와 같은 개념을 다루는데 어떤 명제를 'P이면 Q이다.'로 표현할 때 P는 가정이고 Q는 결론으로 'P → Q'로 나타낸다. 이 명제가 참(true)임을 확인하는 방법은 'P이면 Q이다'라는 명제를 'Q가 아니면 P가 아니다'($\sim$Q → $\sim$P: 이를 대우 명제라고 함)로 바꿔 보는 것이다. 이때 바꾼 명제가 참(true)이면, 처음의 'P이면 Q이다'도 참(true)인 것이다.

예를 들어, '게으르면 실패한다.'(P → Q)라는 명제를 만들었다고 하자. 이 명제를 가지고 조건 명제의 대우 명제인 '$\sim$Q → $\sim$P'를 만들면 '실패하지 않으려면 게으르지 않아야 한다.'라고 만들어진다. 뒤에 만들어진 명제가 참인지 거짓인지 판단해 보고 참이면 앞의 명제가 참인 것이다.

또 예를 들어, '무엇이든 열심히 하면 언젠가는 성공한다.'라는 조건 명제가 있다고 하자. 이 조건 명제는 참인 명제가 될 수 없다. 왜냐하면 무엇을 열심히 하느냐에 따라 달라지기 때문이다. 방향성의 문제를 안고 있다. 이렇듯 우리가 보편적으로 생각하는 많은 성공의 명제를 살펴보면 오류들을 발견할 수 있다. 조금 더 생각해 보면 성공에 대한 막연한 말보다는 구체적인 인식과 함께 실질적인 실천의 문제들까지 접근할 수 있다.

모둠활동 4

1. 실패에 대한 조건 명제를 만들어 보자.

'[_____ 🔍] 하면 실패한다.'

예시 성실하지 않으면 실패한다.

2. 앞의 명제(실패에 대한 조건 명제)를 대우 명제로 만들어 보자.

> **예시** '성실하지 않으면 실패한다.'의 대우 명제는 '실패하지 않으려면 성실해야 한다.'
>
> 3. 성공에 대한 명제를 만들어 보자.
>
> '[_____ ▦ ▾ 🔍] 하면 성공한다.'
> **예시** 성실하면 성공한다.
>
> 4. 앞의 명제(성공에 대한 조건 명제)를 대우 명제로 만들어 보자.
>
> **예시** '성실하면 성공한다.'의 대우 명제는 '성공하지 않으려면 성실하지 않으면 된다.'
> **Tip** 모둠별로 많이 적도록 한다. 많은 아이디어에서 좋은 아이디어가 나올 확률이 높
> 다는 것을 인식시킨다.

4. 백업 플랜

실험정신을 가지고자 하며 파생효과를 생각하며 백업 플랜을 준비하도록 한다.

누구나 목표를 달성하기 위해 실천 계획을 세운다. 어떻게 실천해야 할지 구체적으로 세운다. 하지만 그것만으로 부족하다. 돌발 상황이 벌어질 수 있다. 환경적인 변수가 생길 수 있기 때문이다. 돌발 사태는 쉽게 계획을 포기하게 만든다. 그러므로 대비 없이 그저 상황을 낙관만 해서는 안 된다. 우리가 중요한 컴퓨터 파일이 있다면 돌발 사태를 대비해서 백업 파일을 준비해 두는 것처럼 돌발 사태에 대한 대비책, 즉 차선책을 마련해야 한다. 대안이 있는 사람은 실패하지 않는다. 실패는 포기했을 때 일어난다. 플랜 B, 플랜 C 등으로 다시 도전하고 목표한 바대로 나아간다면 실패는 없다. '만약에……'라

는 가정으로 생각되는 가능한 모든 변수와 위험 요인을 예상하여 차선책을
생각해 본다.

모둠활동 5

1. 앞선 모둠활동 3 '의사결정나무'에서 작성했던 실패 경험에 대한 대안책(해결 아이디
   어)을 세워 보자.

> Tip　모둠활동 3에서는 실패에 대한 원인을 분석해 보았다. 이번에는 실패의 원인을
> 참고하여 그 해결 방안에 대해 생각해 보는 활동이다. 그 문제에 대한 해결 아이
> 디어, 실천 방안, 목표 설정을 해 보는 활동이다.

2. 그 대안책의 '플랜 B'를 세워 보자.

> Tip　해결 방안을 여러 가지로 세워 보자.

---

5. 반성적 사고

반성적 사고를 가지며 행동수정을 위한 용기를 얻는다.

　교육학자 존 듀이(John Dewey)는 공상과 같이 통제되지 않은 생각의 전개
와는 구별하여 자아 혹은 자아의 기능을 성찰하면서 전개되는 사고로 '반성
적 사고'에 대해 말하였다. 이는 문제해결의 심리적 과정을 나타내는 말이다.
인간의 행위는 주어진 상황적 조건을 수단의 원천으로 하여 어떤 목적 혹은
목표를 세워 놓고 그것을 추구하는 과정인데, 이 과정을 방해받는 상황을 문

제 상황이라고 하고 문제의 해결을 위하여 가설적인 생각들을 검토하여 목적의 실현을 기하려는 통제된 사고의 전개를 말한다고 설명하고 있다. 즉, 반성적 사고는 목적을 가지고 내적 점검이 이루어지는 능동적인 활동이라는 것이다. 적극적이며 지속적인 사고는 가지고 있는 신념을 근거로 행동을 이끌어낸다. 반성적 사고는 반성적 행동이 따르게 된다. 좀 더 개선된 태도로 대처하고 실천적인 지식을 형성시키며 문제해결력을 증진시킨다. 반성적 사고를 증진시키기 위해 반성적 저널 쓰기를 꾸준히 함으로써 스스로 객관적이고 비판적인 관점에서 경험을 바라보며 재구성하는 능력을 기를 수 있다.

 마무리 활동

1. 인생의 만렙을 위한 도전

더 나은 나를 향해 끊임없이 도전한다.

▶ 동영상: 완벽은 없다 | # PERFECTNEVER(http://bit.do/perfectnever_mobile)

오락실 게임이든 컴퓨터 게임이든 한 번 하기 시작하면 멈추기가 어렵다. 게임 오버가 되어도 쉽게 그만두지 않는다. '한 판만 더' 하며 바로 다시 시작한다. 앞 판의 실패했던 경험을 바탕으로 좀 더 기록을 세워 보려고 한다. 레벨업 하는 재미가 있다. 레벨 끝까지 가기 위해 열심히 죽고 다시 시작한다. 열심히 죽어 봐야 실력이 쌓인다. 오락실 게임을 하다 보면 게임 오버 후에 곧 CONTINUE가 뜬다. 돈을 넣고 다시 시작하면 된다. 핸드폰 게임이나 컴퓨터 게임도 다시 시작하면 된다.
게임 오버 된 게임에 대해 안타까움
은 잠시이며 다시 새로운 마음으로
시작한다.

　실패의 경험 속에서 성공 전략들
을 하나씩 발견하고 다시 전진하며
조금씩 인생의 레벨을 업시켜 나가
기 바란다. 많이 실패해 보자. 실패 속에는 성공의 보물이 숨겨져 있다.

2. 위기는 기회이다!

실패를 기회로 만들어 보도록 결심한다.

　위기는 실패로 끝나는 것이 아니라 기회를 품고 있다. '위기'라는 단어에서
'위(危)' 자와 '기(機)' 자가 서로 붙어 있다고 해서 실패의 위험이 곧 기회가 되
지는 않는다. 많이 겪게 될 실패와 실수를 새로운 기회로 삼기 위해서는 먼저
실패에 대한 반성적 사고가 필요하다. 목표를 이루는 데 방해를 받는 문제 상
황에서 그 문제를 해결하기 위하여 가설적인 생각들을 검토해 보며 목적을
실현하기 위하여 분석적 사고를 하는 것이다. 반성에 따르는, 수정하여야 할
행동을 모색하여 실천해야 한다. 그런 행동수정이 발전적 변화를 가져올 것
이며, 또 새로운 기회를 얻게 할 것이다.

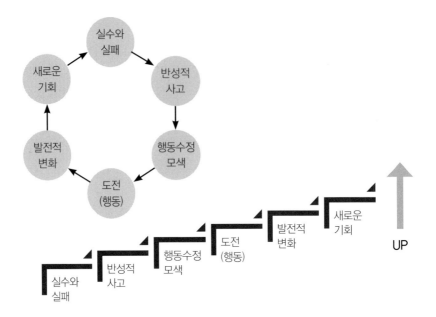

3. 과제 활동

실패를 기회로 만들고 끊임없이 도전하기를 실천하도록 실습한다.

스마트한 목표 관리에서 작성한 만다라트 계획표를 실천하면서 잘된 점과 잘못된 점 그리고 그 원인들을 분석하고 기록해 보자.

📖 추천 도서

1. 실패의 전문가들(정유리, 정지영 글, 김경찬 그림, 그림샘터, 2012)

쉽게 읽을 수 있는 이 책은 어린이 동화책으로 우리 시대 멘토 8명의 위대한 실패에 대한 이야기이다. 실패에 대해 두려워하기보다는 실패를 어떻게 받아들이고 극복해 나가야 하는지, 또 실패 후의 긍정적인 마음가짐이 얼마나 중요한 삶의 자세인지 생각하게 한다. 수많은 실패를 성공으로 이끈 사람들은 성공 전문가가 아니라 실패 전문가인 것이다.

2. 세계 최고의 인재들은 실패에서 무엇을 배울까(사토 지에 저, 김정환 역, 21세기북스, 2014)

일류 글로벌 조직에서는 실패했던 경험이 있는 사람들을 높이 평가한다. 실패를 딛고 일어난 경험과 그 경험에서 무엇을 배웠는지를 중요하게 생각한다. 실패는 사람을 겸허하게 만들며 타인을 더 깊이 이해하게 만들고 그 경험의 이야기를 통해 인격이 고스란히 묻어 나오게 한다. 실패는 성장하게 만든다. 실패를 바탕으로 다시 도전하는 것이다.

이 책은 하버드 비즈니스 스쿨과 스탠퍼드 경영대학원에서 실시하고 있는 실패력 수업과 세계 비즈니스 현장에서 활약하고 있는 30~40대 젊은 리더들의 실패 경험으로부터 찾아낸 성공 키워드를 담고 있다.

추천 영화

1. 가타카(앤드류 니콜 감독, 1997)

유전자 조작으로 출생하는 시대가 오게 되어 자연적으로 출생한 사람들은 하류인생으로 살 수밖에 없는 시대를 배경으로 하고 있다. 주인공 빈센트는 자연 출생으로, 그의 유전자는 그가 심장 질환에 체력도 그리 좋지 않고, 시력도 나쁘고, 범죄자가 될 가능성이 높으며, 31세에 사망한다고 예고하였다. 유전자 정보를 통해 사람의 운명이 결정지어져 버리는 것이다. 그럼에도 불구하고 우주비행사가 되고 싶은 꿈을 품은 주인공은 운명이 결정된 상황 속에서도 기회를 포착하고 도전하고 또 도전하는 이야기이다. 처한 상황에 주저하지 않고 도전하는 주인공이 마침내 우주로 날아오르는 장면에서 보는 이로 하여금 꿈을 이룬 희열을 함께 맛보게 해 준다. 주인공의 열정과 노력이 결국 꿈을 이루게 해 주지만, 주변 사람들의 도움과 희생이 없었다면 힘들었을 것이다. 우리의 성공은 나 혼자의 일만은 아닌 듯하다.

2. 카이 포 체(아비쉑 카푸르 감독, 2012)

인도 영화로서 인도 교육과 사회의 문제점을 적나라하게 보여 준 〈세 얼간이(3 Idiots)〉(2009)라는 영화가 있었다. 그 영화의 원작 소설 작가인 체탄 바갓(Chetan Bhagat)의 『내 인생의 세 가지 실수(The 3 Mistakes of My Life)』(2013)를 원작으로 한 영화가 〈카이 포 체〉(2012)이다. 사업을 시작한 세 청년이 성공과 실패의 과정을 겪으며 성장해 나가는 이야기로, 그들의 꿈과 목표를 통해 현재 인도 젊은이들의 고민을 담고 있다.

화자는 인생의 세 가지 실수로 과도한 욕심, 이성의 감성에 대한 패배, 망

설임을 말하고 있다. 인생에서 실수는 항상 존재하지만 그 실수가 인생 이야기의 끝은 아니다. 어찌 보면 실수는 우리 인생에 재미있는 이야깃거리를 제공해 주는 것 같다. 맛을 내는 소금이나 조미료와 같다고나 할까.

이 책을 통해 인도 국가 안에서의 힌두교와 이슬람교의 심각한 갈등과 사회문제를 엿볼 수 있다. 그들의 종교적 신념과 가치관의 갈등과 고민을 통해 우리도 자신의 종교적 신념과 가치관에 대해 생각해 보는 기회를 삼아 보자.

★ ★ ★ ★ 참고자료

사토 지에(2014). 세계 최고의 인재들은 실패에서 무엇을 배울까: 세계 최고 대학과 기업의 인재 수업(김정환 역). 경기: 21세기북스.

이민규(2015). 하루 1%: 변화의 시작. 서울: 끌리는 책.

정유리, 정지영 글/김경찬 그림(2012). 실패의 전문가들. 서울: 그림샘터.

채종서(2014). 위닝 프리젠테이션: 프레젠테이션 전문 코치가 1:1로 가르쳐주는 30가지 비밀. 서울: 한빛미디어.

〈가타카〉(앤드류 니콜 감독, 1997)
〈카이 포 체〉(아비쉑 카푸르 감독, 2012)

네이버 지식백과 〈반성적 사고〉(2016. 8. 20. 네이버 검색자료)
데이터마이닝 의사결정나무 http://sqlmvp.kr
예스 24 도서 책 정보 〈실패에서 무엇을 배울까〉 참조 인용

활동지 6-1

☆ 롤모델로 삼고 싶은 사람의 실패 경험 이야기 조사해 보기!

롤모델 이름	실패 경험 이야기	실패 원인	실패 극복 방법

활동지 6-2

☆ 나의 실패나 실수 경험!

나의 실패나 실수 경험	실패 원인	교훈

활동지 6-3

☆ 실패 나무!

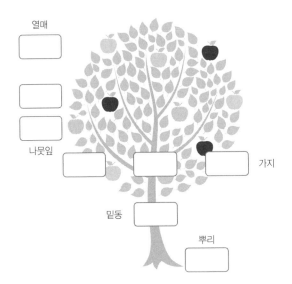

☆ 해결 나무!

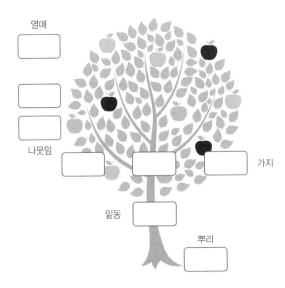

활동지 6-4

☆ 명제 만들기!

실패에 대한 조건 명제	대우 명제

성공에 대한 조건 명제	대우 명제

활동지 6-5

☆ 마스터 플랜 & 플랜 B

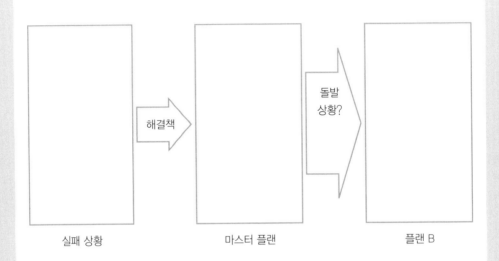

실패 상황   마스터 플랜   플랜 B

Tip 어떠한 돌발 상황인지도 적어 본다(예측).

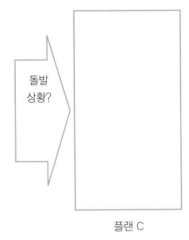

플랜 C

활동지 6-6

☆ 만다라트 계획표 실천 점검표

	내용	원인	해결 방안
잘된 점			
잘못된 점			

워치아웃! 워치!

주제

벤처스타의 시간 관리

주요 내용

전략적인 시간 관리를 통해 나를 관리한다.

교육 목표

분명한 자신만의 삶의 방향성을 설정하며 시간의 가치를 깨닫고 주어진 삶에서 시간을 어떻게 관리해야 하는지 그 방법들을 모색해 본다.

수업의 기대 효과

시간 관리를 잘한다 함은 시간의 가치를 인식하고 계획을 알차게 세워 계획에 따라 잘 실행하는 것이다. 하지만 꼭 바쁘고 부지런하게 산다 해서 반드시 삶의 목적과 목표를 이루는 것이 아니다. 여유로운 시간들 속에서 상상력과 창의력이 더욱 개발된다. 삶의 목적과 목표에 맞는 소중하고 중요한 일을 꾸준히 실행함으로써 자신의 계획들을 이루어 갈 수 있다. 더욱이 그 시간에 몰입함으로써 시간 활용 면에서 능률의 극대화를 이룰 수 있다. 삶의 방향성에 맞는 계획을 짜도록 하며 계획을 실천함에 있어서 몰입을 할 동기를 부여받는다.

VENTURE STAR 도입 활동

◇◇

1. 하루! 24시간!

자신의 시간 관리에 대해 객관적인 평가를 해 본다.

모둠활동 1

1. 지난 일주일 중 하루를 선택하여 24시간 하루 일과를 기록해 보자.

   Tip 일주일 동안의 자신의 생활을 기록해 오는 과제를 미리 내주어도 좋다.

2. 미리 세워 둔 하루 일과 계획이 있다면 그 계획과 비교하여 평가해 보자.

   Tip 미리 일주일 계획표를 세우도록 과제를 내주었으면 그 계획표와 비교하도록 하면 좋다.

3. 잘된 점과 잘못된 점을 모둠별로 이야기 나누어 보자.

하루는 24시간이고 1시간은 60분, 그리고 1분은 60초이다. 왜 하루를 24시간으로 했을까? 10시간이나 20시간이었으면 계산하기 편하지 않았을까? 아주 오래전 고대시대부터 여러 문화권에서 하루를 24시간으로 정하여 사용해 온 것으로 전해지고 있다.

최초의 시계인 해시계는 막대를 직각으로 세워 놓고 태양에 비춰서 생긴

막대의 그림자를 가지고 태양의 위치를 알 수 있도록 했다. 낮이 되고 밤이 되는 것을 하루로 하여 해가 뜨고 지는 모습을 보고 태양의 움직임을 원 모양으로 생각하였다. 태양의 움직임을 원 모양으로 생각해서 시간의 흐름을 원으로 나타내게 된 것이다. 시간의 단위는 원의 둘레를 똑같은 길이로 나눈 것이어야 했기 때문에 원을 등분하기 쉬운 수로 시간의 단위를 나타낸 것이다. 360도인 원을 12로 나눌 수도 있고 다시 5로 나눌 수도 있다. 그래서 하루 한 바퀴에 12시간씩 두바퀴를 돌아 24시간이 되었다.

 전개 활동

1. 시간의 가치

시간의 중요성을 인식한다.

모둠활동 2

1. 시간에 대한 명제를 만들어 보자.

'시간은 [　　　　　　　　] (이)다.'

　예시　시간은 잡을 수 없다.　　　　시간은 돈을 주고 살 수 없다.

　　　　시간은 공평하다.　　　　　시간은 저축할 수 없다.

　　　　시간은 때로는 느리게, 때로는 빠르게 지나간다.

　Tip　모둠별로 명제를 많이 만들도록 유도하고 포스트잇을 활용해도 좋다.

2. 모둠별로 가장 멋지게 만든 명제를 선정하여 발표한다.

> **Tip** 멀티 보팅 활동을 해도 좋다. 멀티 보팅 활동 시 스티커가 준비되어 있지 못하면 펜으로 별 모양을 그리도록 한다.

인생은 그다지 공평하지 않다. 하지만 공평하게 주어진 것이 한 가지 있는데, 그것은 시간이다. 누구에게나 하루 24시간, 1440분이 주어진다. 하지만 그 시간을 어떻게 사용하느냐에 따라서 인생이 달라지고 사회적으로 평가 받는 가치가 달라진다. 그러므로 시간은 우리에게 주어진 가장 큰 자산이다. 그런데 돈보다 시간의 가치가 더 크다고 하면서 돈을 지출할 때처럼 꼼꼼히 따져 가며 시간을 사용하고 있는지 점검해 보자.

30초의 시간으로 우리는 무엇을 할 수 있을까? 2002년 부산 아시안 게임 남자 농구 결승전에서 4쿼터 종료 25초 전까지 7점 차이로 패색이 짙었던 대한민국 팀은 25초라는 시간 동안 동점을 만드는 기적을 이룬다. 연장전까지 가서 결국에는 20년 만의 금메달을 획득하였다. 25초라는 시간은 승리를 만드는 시간으로 충분했고 스포츠 역사를 바꿔 놓았다.

> **기타 사례** 2016 리우 올림픽 박상영 에페 결승전 이야기도 좋다. 2~3분 남겨진 상태에서 상대편이 한 점만 획득하면 지는 상황이었다. 패색이 짙었지만 할 수 있다고 되뇌며 끝까지 집중하며 싸워 결국 대 역전극을 만들었다.

2. 게으름과 여유의 차이

게으름과 여유의 차이를 알고 여유로운 삶을 추구해 본다.

모둠활동 3

1. 게으른 삶의 모습과 여유로운 삶의 모습에는 어떤 것들이 있을지 이야기 나누어 보자.

2. 게으름과 여유의 차이를 생각하고 각자 정의해 보자.

> Tip 게으른 삶과 여유로운 삶의 모습에 대한 나눔 이후에 나눈 내용을 바탕으로 게으름과 여유에 대한 정의를 내려 보도록 한다.

시간 관리가 되지 않는 이유에는 여러 가지가 있을 것이다. 바쁜 일이 생기기도 하고, 계획한 일을 자꾸 미루는 습관 때문일 수도 있으며, 방해하는 사람이나 대상이 있을 수 있다. 또 그 일이 재미가 없고 지루해서 포기하게 되는 것일 수도 있다. 하지만 그 모든 것이 게으름이라고 할 수 있다.

영화 〈스타워즈(Star Wars)〉에 나오는 철학자 '요다'가 한 명대사가 있다.

"하거나 하지 않는 것만 존재할 뿐, 하려고 한다는 것은 있을 수 없다."

계획을 행동으로 옮기겠다는 선택을 피하는 것이 게으름인 것이다. 선택을 회피하고 시작을 지연하며 약속을 어기고 꾸물거리고 약속을 철회하고 눈치만 보고 걱정만 한다. 진짜 해야 할 일은 안 하고 딴짓을 하고, 과도하게 준비하는 데 복잡한 의식을 치르고, 미루다 미루다 닥쳐서 서두르고, 자기만의 즉각적인 만족에 빠지기도 하고, 중독에 빠지는 그 모든 것이 게으름이다. 또한 성경 잠언 26장 16절에서는 "게으른 자는 사리에 맞게 대답하는 사람 일곱 보다 자기를 지혜롭게 여기느니라."라고 말하고 있다. 게으름도 철학이라고 미화하거나 타고난 것이라 바꿀 수 없는 것으로 타당성을 부여하기도 한다. 무엇보다도 자기주도적으로 삶을 계획하며 살지 못했을 경우에는 동기부여가 전혀 되지 않는다. 그래서 삶의 태도가 수동적으로 변하여 말로는 하기 싫다고 못하고, 행동으로 늑장을 부리거나 딴짓을 하며 상대방의 속을 태우고 긁어 놓는다. 게으름은 뇌의 신경물질 중에서 도파민을 분비하므로 쾌락에 속한다. 이는 내성이 생겨 새로운 자극을 더 추구하고 중독에 빠져들게 한다. 결국엔 두려움, 무능감, 그리고 능동성을 잃게 되는 것이다.

우리는 게으름을 느림 혹은 여유와 혼동한다. 여유는 능동적 선택으로 할 일을 하면서 충분히 쉬는 것임에 반해, 게으름은 할 일도 안 하면서 제대로 쉬지도 못하는 것이다. 여유는 그 시간을 보내고 나면 재충전이 되지만, 게으름은 후회와 피로만 더 쌓이게 한다.

느리다는 것은 게으름이 아니라 빠른 것의 반대 개념이며 상대적인 개념이다. 여유로움은 속도에 있는 것만은 아니다. 때로 느리게 산다는 것은 더 많은 것들을, 더 아름다운 것들을, 더 많은 배움이나 느낌들을 천천히 보면서 배우고, 느끼고, 만끽하며, 소소한 일상의 행복을 누리는 것일 수 있다. 빠름을 부지런함이나 능력으로 동일시하는 오류를 범하기도 한다. 빠르게 변모하는 세상에서 빠른 속도에 맞추어 살아가는 현대인의 모습 속에서 자신을 잃어 가고 놓치는 것들이 많지는 않은지 생각해 보자.

3. 우선순위

자신의 꿈을 이루기 위해서 해야 할 중요하고 소중한 일이 무엇인지 생각해 본다.

어떤 사람이 하루는 숲 속으로 산책을 나갔다가 나무꾼을 만났다. 그 나무꾼은 큰 나무를 끙끙거리며 톱으로 열심히 자르고 있었다. 너무 애를 쓰고 있기에 자세히 보니 톱날이 무디고 엉망이었다. 그래서 나무꾼에게 말을 건넸다.

"실례지만 제가 보기엔 톱날이 너무 무디군요! 날을 갈아서 쓰면 훨씬 일이 쉬울 텐데요."

하지만 나무꾼은 지친 표정으로 한숨을 내쉬며 말했다.

"그럴 시간이 없어요. 나는 이것을 빨리 잘게 쪼개서 장작으로 만들지 않으면 안 돼요."

우리의 모습은 어떤가? 이 나무꾼과 같지는 않은가? 일이 급하다고 생각하고 정작 중요한 것을 놓치고 있지는 않은가? 내 인생의 톱날은 무엇이며, 언제 갈아야 할까?

스티븐 코비(Stephen Covey)의 『성공하는 사람들의 7가지 습관(Seven Habits of Highly Effective People)』에서는 세 번째로 "소중한 것을 먼저 하라!"라고 제안하고 있다. 긴급함이 아니라 중요성을 기반으로 우선순위를 정하고 계획한 목표를 성취하는 것이다. 자신의 삶의 방향성, 목적과 목표 의식에 따라 소중하고 중요한 것이 무엇인지 결정한다. 해야 할 일을 하지 않고 중요하지 않은 일에 매달리며 많이 움직이며 부지런해 보이는 것 또한 게으름이라고 할 수 있다. 또한 급한 일에만 쫓겨 정신적으로나 시간적으로 여유 없는 삶도 삶의 방향성을 잃어서 나타나는 게으름의 한 행태라고 할 수 있다.

자신의 삶에서 중요하면서 급한 일, 중요하면서 급하지 않은 일, 중요하지 않으면서 급한 일, 중요하지 않으면서 급하지도 않은 일이 무엇인지 생각해 본다. 내 삶에서 우선순위는 무엇인지 정해 보고 우선순위에 맞게 계획을 실천하며 생활하기로 결심해 보자.

모둠활동 4

1. 내 삶에서 중요한 일의 기준은 무엇인가?

2. 하루 일과 계획을 세우는 데 있어서 중요하면서 급한 일, 중요하면서 급하지 않은 일, 중요하지 않으면서 급한 일, 중요하지 않으면서 급하지도 않은 일이 무엇인지 기록해 보자.

3. 목표 달성에 도움이 되지 않는 일들에는 무엇이 있는가?

4. 중요한 일에 집중하지 못하도록 방해하는 것은 무엇인가?

    Tip 의사결정 기준을 변경해서 의사결정 그리드를 만들 수 있다.

※ 우선순위 세우기 활동

의사결정 기준을 정한 후에 이를 기준으로 최종 의견을 결정하는 방법으로 의사결정 그리드 (decision grid)가 있다. 의사결정 기준에 있어서 여러 기준을 마련할 수 있다. 예를 들어, 빈도와 강도, 중요도와 긴급도, 기대효과와 실행용이성, 비용과 실행 가능성 등을 X, Y 축으로 하여 여러 아이디어와 의견을 해당 위치에 놓고 보통 두 기준에 있어서 높음에 해당되는 의견과 아이디어를 채택하는 방법이다.

이 시간관리에 대한 활동에서는 중요도를 X축으로 하여 중요한 일과 중요하지 않은 일, 긴급도를 Y축으로 하여 긴급한 일과 긴급하지 않은 일을 기준으로 네 가지 경우, 즉 중요하면서 급한 일, 중요하면서 급하지 않은 일, 중요하지 않으면서 급한 일, 중요하지 않으면서 급하지도 않은 일로 나누어 생각하고자 한다.

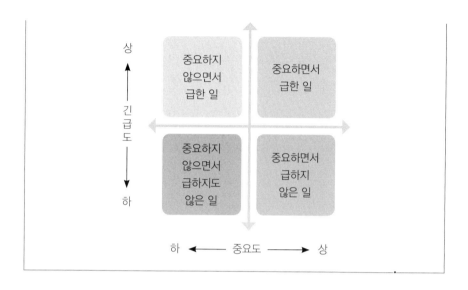

4. 시간의 정리 정돈

시간을 낭비하게 하는 생활 습관을 바로잡아 보자.

우선순위 결정에서 중요하지 않으면서 급하지도 않은 일들은 무엇이었는
가? 중요하고 해야 할 일들이 많은데 왜 시간이 없다고 하는가? 중요하지 않
으면서 급하지도 않은 일에 시간을 보내기 때문이다. 이로 인해 정말 중요한
일을 하는 데 필요한 시간이 절대적으로 부족한 경우가 생긴다. 목표 달성에
별 도움이 되지 않는 방향성 없는 일들로 시간을 소비해 버리므로 시간이 부
족하다. 효율적으로 시간을 활용하는 방법은 중요한 일에 집중하는 것이다.
또한 능동적으로 자신의 일을 계획하고 실행하지 않고 늘 수동적으로 타인에
의해 강압적으로 하는 일들을 하다 보면 능동성이 떨어져 집중력이 약하고
동기부여가 되어 있지 못하므로 능률이 떨어진다. 분명한 목표 의식이 시간

을 효율적으로 사용하도록 한다.

나의 시간을 빼앗아 가는 도둑에는 어떤 것들이 있는지 곰곰이 생각해 보자. 가장 빈도 높은 시간도둑은 무엇인가? 중요한 일에 집중하지 못하도록 하는 방해요소들에는 무엇이 있는가? 중요하지 않으면서 급하지도 않은 일들은 과감히 버림으로써 삶의 질서를 세우도록 해 보자.

5. 몰입의 중요성

효율적인 시간 활동은 몰입하는 것임을 안다.

시간을 효율적으로 사용한다는 것이 반드시 낭비하는 시간 없이 알차게 계획을 세워 세워진 계획대로 실행하는 것만은 아니라고 생각한다. 삶의 목표를 이루기 위해 내가 사용하는 시간 가운데 내가 소중하고 중요한 일을 즐겁고 재미있게 몰입하여 하게 된다면 그보다 더 효율적인 시간 사용은 없다고 본다.

마틴 셀리그먼(Martin Seligman)은 『긍정심리학(Authentic Happiness: Using the New Positive Psychology to Realize Your Potential for Lasting Fulfill)』(2014)에서 사람이 행복하기 위해서 3가지 삶을 살아야 하는데, 첫째, 즐거운 삶(the pleasant life), 둘째, 좋은 삶(the good life), 셋째, 의미 있는 삶(the meaning life)을 제시하고 있다. 그중 좋은 삶을 살기 위해서 몰입을 해야 한다고 말하고 있다. 몰입은 그 일을 할 때 시간이 멈추는 것을 경험하게 한다. 몰입은 능률적이며 높은 생산력을 가져온다. 무엇보다 그 일에 몰입하게 되면 행복하다.

몰입은 영어로 'flow'로 '흐름, 흐르다'라는 뜻이다. 이는 몰입이 '삶이 고조되는 순간에 물 흐르듯 행동이 자연스럽게 이루어지는 느낌을 표현한 말'로서, 미하이 칙센트미하이(Mihalyi Csikszentmihalyi)는 『몰입의 즐거움(Finding Flow)』에서 "쉽지는 않지만 그렇다고 아주 버겁지도 않은 과제를 극복하는 데 한 사람의 실력을 온통 쏟아부을 때 나타나는 현상"으로 설명하고 있다.

목표가 모호하거나 장기적일 때는 몰입이 잘 일어나지 않고 분명한 목표가 있는 활동에서 몰입이 잘 일어난다. 거창한 목표보다는 단기적이며 분명한 목표를 세워야 한다. 그리고 즉각적인 피드백이 주어지는 활동에서 몰입이 잘 일어난다. 스포츠나 게임에 쉽게 몰입하는 이유는 추구해야 할 목표가 분명할 뿐만 아니라 매 순간 즉각 피드백이 주어지기 때문이다. 즉각적인 피드백은 현재 자신의 위치를 정확하게 인식하게 만들며 어떤 실천적 행동을 분명하게 알려 준다. 과제의 난이도가 적절하게 균형이 이루어지면 몰입이 잘된다. 너무 어려운 과제는 흥미를 잃게 만들며 금방 포기하게 만든다. 또 너무 쉬운 과제는 성취감을 느끼기 어려우면서 지루해지기 십상이다. 어느 정도의 기술을 요구하는 도전적인 과제가 인지적인 각성 상태를 일으키며 몰입하게 만든다.

내가 무엇에 몰입해야 할지를 내 삶의 방향과 목적, 목표에 맞추어 정해 본다. 그리고 하루 중 일정 시간을 선택하여 방해요소들을 제거하고 몰입할 수 있는 환경을 만들어 보자. 몰입은 의지적인 훈련에 의해 가능하다. 시간을 정하여 노력해 보자. 몰입이 이루어지면 시간 계획이 때로는 무의미해질 때가 올 것이다. 내가 두 시간만 몰입해야지 한다고 시간에 맞추어 몰입할 수 없을 테니 말이다. 몰입 훈련이 이루어져 진짜 몰입의 경지에 이르면 그 시간의 한계는 정해 놓을 수 없을 것이다.

VENTURE STAR 마무리 활동

◇◇

1. 이런 시간을 갖는다면……

주도적으로 시간을 지배하고 관리하여 삶의 만족도를 높인다.

모둠활동 5

☆ 다음의 아일랜드 격언을 읽고 느낀 점을 모둠별로 이야기 나누어 보자.

"이런 시간을 갖는다면……

공부하는 시간을 내라, 그것이 성공을 위해 치르는 값이다.

깊이 생각하는 시간을 내라, 그것이 힘의 원천이다.

놀기 위한 시간을 내라, 그것이 젊음의 비법이다.

책 읽는 시간을 내라, 그것이 지식의 기반이다.

다정해지기 위한 시간을 내라, 그것이 행복으로 향하는 문이다.

꿈꾸는 시간을 내라, 그것이 별에게 향하는 길이다.

사랑하고 사랑받는 시간을 내라, 그것이 삶의 진정한 기쁨이다.

기뻐하는 시간을 내라, 그것이 영혼의 음악이다.

즐기는 시간을 내라, 그것이 당신의 행위에 대한 보상이다.

계획을 세우는 시간을 내라, 그러면 위의 아홉 가지를 행하는 시간을 얻게

될 것이다."

출처: Seiwert (2016).

계획을 세우는 시간을 가지자. 하루 10분이면 된다. 하루 10분만 투자해서 인생의 톱날을 갈아 보자. 목표에 맞는 우선순위를 정하고, 방해요소를 차단시키고, 집중할 수 있는 환경을 만든다. 휴식 시간 등 여유를 갖는 시간을 반드시 하루 일과 가운데 포함시켜야 한다. 사람들과의 관계를 통해 행복을 느끼는 시간을 만들어야 하며, 꿈을 꾸기 위한 시간도 필요하다. 갑자기 일어나는 일들을 위해 자신이 사용할 수 있는 총 시간 중 60~70% 정도만 계획을 세운다. 그래야 갑작스럽게 일어나는 일들로 인해 중요한 일을 계속 미루게 되어 결국 하지 못하게 되는 상황이 발생하지 않게 된다.

▶️ 동영상: 드라마 〈미생〉-순간순간의 중요성(http://youtu.be/L7pA1EEupT0)

정말 중요한 일은 하루 아침에 당장 해치울 수 있는 것이 아니다. 하루하루의 성실함이 쌓여야 할 것이다. 멀리 있는 일들에 있어서 막연하게 생각만 하는 것이 아니라 바로 단 하루의 일이라도 의미 있게 조직하여 살아 보자. 순간순간 성실하게 최선을 다해 이룬 작은 성공과 성취감이 모여 결국 목표를 달성하게 된다. 그러므로 순간을 놓친다는 것은 전체를 잃고 패배하는 것을 의미하므로 바로 이 순간, 내 앞에 놓인 중요한 일에 최선을 다하자.

2. 과제 활동

나만의 시간에 대한 생각을 글로 적어 본다.

'이런 시간을 갖는다면……'이라는 시를 각자 자신의 시간에 대한 가치, 신념을 넣어 지어 보자.

📖 추천 도서

1. 꾸뻬 씨의 시간 여행(프랑수아 를로르 저, 이재형 역, 열림원, 2013)

꾸뻬 씨는 시간 때문에 스트레스 받는 사람들을 진료하며 그들에 대한 생각에 깊이 골몰한 나머지 흘러가는 시간에 관한 꿈을 꾸게 된다. 달리는 종착역만을 향해 달려가는 기차 안에서 나오지도 못하고 늦추지도 못하는 꿈을 꾸게 된 꾸뻬 씨는 꿈과 시간의 의미를 찾아, 행복의 참된 의미를 찾아 전 세계로 여행을 떠난다. 여행을 하며 만난 사람들을 통해 깨달은 '흘러가는 시간에 대처하는 방법'으로 "순간에 충실하라! 현재를 즐겨라! 현재가 곧 영원이다. 현재를 살자!"라고 하고 있다. 실제 파리의 저명한 정신과 의사였던 작가의 자전적 경험을 바탕으로 쓴 실화 소설이다.

2. 몰입의 즐거움(미하이 칙센트미하이 저, 이희재 역, 해냄, 1997)

저자는 몰입이라는 생활 패턴을 습득하여 자신이 해야 하는 일을 좋아서 즐겁게 할 때 일 자체가 목적성을 가지게 되어 자기 운명애를 실현시킬 수 있다고 말하고 있다.

저자는 몰입이 가져오는 자기 충족을 누리기 위해서는 집중력이 필요한데, 대부분의 사람들이 공허감만 남기는 수동적 자세로 시간을 때운다는 사실을 지적하며 나아가 몰입은 우리 자신을 위해서만 필요한 것이 아니라 우리를 세상 전체와 이어 주는 끈이라고 주장한다.

이 책은 게으른 사람에게는 적용되지 않겠지만, 인생에서 더 많은 것을 배우고 자기 삶을 더 값지게 만들고 싶어 하는 사람에게는 더없이 요긴한 지침서이다.

🎬 추천 영화

1. 벤자민 버튼의 시간은 거꾸로 간다(데이빗 핀처 감독, 2008)

우리는 인생을 살면서 지나온 과거에 대해 후회하기도 하고 미래에 대해 두려워하기도 한다. 시간은 참으로 빨리 지나간다. 시간이 흘러도 변하지 않는 영원한 것이 있다. 〈벤자민 버튼의 시간은 거꾸로 간다〉를 통해 인생에서 사랑하는 이들과 함께 늙어 가는 것이 얼마나 행복한 일인지 감사하게 된다. 먼저, 자신을 사랑하고 사랑하는 사람들과 소중한 시간을 헛되게 보내지 말자. "가치 있는 것을 하는 데 있어서 늦었다는 건 없다." "하고 싶은 것을 시작하는 데 시간의 제약은 없다."라는 시간에 대한 명대사가 나온다.

2. 시간을 달리는 소녀(호소다 마모루 감독, 2016)

타임리프 능력이 있는 세 명의 등장인물, 즉 주인공 마코토, 치아키, 마코토의 이모가 나온다. 서로 다른 시대를 살지만 두 명의 등장인물이 같은 패턴으로 운명이 전개되는 평행 이론을 바탕으로 하고 있다.

타임리프를 위해 달리기도 하며 미래로 간 치아키를 위해 미래를 향해 달려 나간다는 의미로 '시간을 달리는 소녀'라는 제목을 갖는다.

주인공 마코토가 과학실에서 본 'Time waits for no one'이 이 영화의 메시지이다. 이 순간은 되돌릴 수 없는 유일한 순간이며, 현재의 나와 현재 이 시간에 충실해야 한다는 것이다. 아무리 시간을 되돌려도 어떤 순간도 완벽할 수 없다. 일상적이지만 다시 오지 않을 순간들에 최선을 다하라는 의미이다. 현재 내가 살아가는 이 순간이 소중하다.

처음에는 잡지 못하던 공을 여러 사건을 통해 안정적으로 잡게 되는 장면을 통해 성장하는 마코토가 타임리프 능력을 잃어도 불안정한 미래를 잘 헤쳐 나갈 것이라는 것을 암시한다.

★ ★ ★ ★ 참고자료

문요한(2015). 굿바이, 게으름: 게으름에서 벗어나 나를 찾는 10가지 열쇠. 서울: 더난출판.

장경원, 고수일(2016). 액션러닝으로 수업하기(2판). 서울: 학지사.

Csikszentmihalyi, M. (1997). 몰입의 즐거움(이희재 역). 서울: 해냄.

Lelord, F. (2013). 꾸뻬 씨의 시간 여행(이재형 역). 경기: 열람원.

Seiwert, L. J. (2016). 독일 사람들의 시간 관리법: 단순하고 합리적인 미니멀 라이프, 시간 관리부터 시작하라!(송소민 역). 서울: 중앙북스.

Seligman, M. (2014). 긍정심리학(개정판)(김인자, 우문식 역). 경기: 물푸레.

〈벤자민 버튼의 시간은 거꾸로 간다〉(데이빗 핀처 감독, 2009)

〈시간을 달리는 소녀〉(호소다 마모루 감독, 2016)

드라마 '미생'-순간순간의 중요성 http://youtu.be/L7pA1EEupT0

시각과 시간 http://blog.naver.com/PostView.nhn?blogId=hwaybook&logNo=220605178911

활동지 7-1

☆ 24시간 하루 일과 기록하고 평가해 보기!

시간	실행	계획	평가
AM 12:00			
1:00			
2:00			
3:00			
4:00			
5:00			
6:00			
7:00			
8:00			
9:00			
10:00			
11:00			
PM 12:00			
1:00			
2:00			
3:00			
4:00			
5:00			
6:00			
7:00			
8:00			
9:00			
10:00			
11:00			

활동지 7-2

☆ 시간에 대한 명제 만들기!

시간은 [　　　　　　　　　] (이)다.

시간은 [　　　　　　　　　] (이)다.

시간은 [　　　　　　　　　] (이)다.

시간은 [　　　　　　　　　] (이)다.

시간은 [　　　　　　　　　] (이)다.

활동지 7-3

☆ 게으른 삶의 모습 vs 여유로운 삶의 모습에는 어떠한 것들이 있는가?

게으른 삶의 모습	여유로운 삶의 모습

☆ 게으름 vs 여유에 대한 정의 내리기

게으름	여유

활동지 7-4

1. 내 삶에서 중요한 일의 기준은 무엇인가?

2. 우선순위 정하기!

	중요한 일	중요하지 않은 일
급한 일	중요하면서 급한 일	중요하지 않으면서 급한 일
급하지 않은 일	중요하면서 급하지 않은 일	중요하지 않으면서 급하지도 않은 일

3. 목표 달성에 도움이 되지 않는 일들은 무엇인가?

4. 중요한 일에 집중하지 못하도록 방해하는 것은 무엇인가?

스파이더맨

주제

벤처스타의 인맥 관리

주요 내용

만남의 소중함을 알고 섬김을 통해 풍성한 인간관계 맺기

교육 목표

공동체성을 인식하고 실천하는 것임을 알고 네트워크 관리 능력을 배양한다.

수업의 기대 효과

기업가 정신의 인맥 관리란 단순히 자신만의 성공을 위해 다른 사람의 자원을 활용한다는 일차원적인 의미만을 추구하는 것이 아니다. 공동체를 위하고 함께 발전하기 위하여 각자의 자원을 십분 발휘하여 협력하여야 한다. 모든 인간의 만남을 중요하게 여겨야 할 것이며, 시대적 흐름에 따라 소셜 네트워크를 적극 활용할 동기를 부여받고 실행 능력을 갖추어야 한다.

활동을 통해 나의 장점을 발견하고 다른 사람과 함께 나눌 수 있는 것이 무엇인지 탐색하며 자신이 가지고 있는 자원을 정확히 파악하고 실행할 능력을 더욱 갖추고자 하는 동기를 부여받으며 실행 방법을 찾을 동력을 얻는다. 그러므로 인간관계에 적극성을 가지게 된다. 또한 작은 섬김의 실천 방법들을 모색함으로써 인간관계의 풍성함을 누릴 수 있다.

VENTURE STAR 도입 활동

◇◇◇

1. 스파이더맨

인맥에 대한 생각을 이미지화해 보고 인맥관리를 어떻게 해 나갈지를 고민하기 전에 현재 자신의 인맥 상태를 점검해 본다.

거미줄은 금방 끊어질 것같이 가늘고 약해 보이지만 같은 무게로 견주어 보면 강철보다 5배의 무게를 견딜 수 있다고 한다. 끈적이면서 탄력성이 강하고 높은 온도에서도 잘 견디고 물에 젖지 않으며 인체에 알레르기를 일으키지 않는다. 거미줄을 여러 가락 모아 보면 그 어떤 섬유보다도 강하다고 한다. 거미는 알을 낳아 놓거나 먹이를 잡기 위해 거미줄을 쳐 놓는다. 나뭇가지와 같은 고정점에 지지실과 방사실 그리고 나선실로 얽어 그물 모양으로 거미줄을 친다.

영화 〈스파이더맨〉을 보면 주인공인 스파이더맨의 손목에서 거미줄이 나와 건물 외벽을 타거나 악당을 잡을 때 쓰인다. 거미줄은 꼭 필요한 공격무기이면서 이동수단, 보호 장치 등의 여러 용도로 사용된다.

인간이 인간(人間)인 이유는 사람과 사람 사이에 존재하기 때문이다. 사람은 함께 존재한다. 한자 인(人) 자의 형상을 보면 사람이 사람에게 기대어 있는 모습이다. 관계를 통해 생존하는 것이 인간이다. 거미줄에도 지지실과 방사실 그리고 나선실이 있듯이 누군가가 나를 지지할 때도 있으며 내가 지지해 주는 사람이 될 때도 있다. 다양한 사람과의 유대관계가 거미줄처럼 얽어 짠 그물 모양과 같기를 바란다. 그것이 나를 보호해 주고 지켜 주며 필요를

채워 주기도 하며, 이동하는 수단으로 원하는 곳으로 데려다주는 것같이 목
표를 이루게 해 주기도 할 것이다.

모둠활동 1

1. 마인드맵을 활용하여 인맥 지도를 만들어 보자.

  1) 현재 자신의 휴대폰에 저장되어 있는 연락처 또는 카카오톡이나 페이스북 친구 명
    단을 가지고 인맥 지도를 그려 본다.

  2) 나를 중심으로 먼저 그룹별로 나누고 그 그룹에 연결하여 이름을 적어 나가 보자.

  예) 그룹: 가족, 초등학교 친구, 중학교 친구, ……

  Tip 휴대폰으로 마인드맵 앱을 활용해도 좋다.

 전개 활동

◇◇

1. 나의 장점 발견하기

나의 장점을 발견하고 그 장점으로 다른 사람을 섬길 것을 다짐해 본다.

모둠활동 2

1. 종이에 이름을 적고 모둠 안에서 돌아가면서 그 사람의 장점을 적도록 한다.

  Tip 롤링페이퍼 형식의 게임으로 진행한다.

2. 멀티 보팅 활동으로 다른 사람들의 공감을 받는다.

> Tip 롤링페이퍼를 한 바퀴 더 돌리며 공감되는 항목에 색이 있는 펜으로 별표를 그리
> 도록 한다.

3. 내가 생각하는 장점과 타인이 생각하는 장점을 비교해 보자.

나 자신에 대해 아는 것이 중요하다. 자기 자신에 대한 믿음은 자신감을 가지게 한다. 그리고 무엇보다도 자기 자신을 인정하고 스스로 존중하고 사랑하는 마음을 가져야 한다. 그런 마음과 태도가 자신감이라는 모양으로 나타나게 되어 있다. 자기 자신을 사랑하지 않는 사람은 다른 사람을 사랑할 수도 없고 사랑받기도 힘들다. 사람들은 자기 자신을 사랑하고 자신감 있는 사람과 관계 맺기를 좋아한다.그러므로 다른 사람들과 비교할 것이 아니라 자기 자신 자체의 장단점을 알고 그 장점을 한껏 발휘하여 전문성을 키워 나가야 한다. 실력이 없는 자신감은 허영일 뿐이다. 내가 가지고 있는 정보와 기회 그리고 자원을 제공해 주며 나누고 도우며 함께하는 것이 타인과 관계를 맺어 나간다는 것이다.

2. 태도 점검하기

인간관계를 위해 갖추어야 할 기본적인 태도인 경청, 신뢰, 양보, 협력에 대해 알아본다.

우리는 타인과 관계를 맺으며 살아야만 하는 존재들이다. 내가 연결되어 있는 공동체가 건강하려면 개인이 먼저 갖추어야 할 자세가 있다.

　　사람들은 대화를 나누므로 관계를 맺어 간다. 언어가 인간관계를 맺는 매개체이다. 사람들과의 대화를 통해 우리는 행복감을 경험하기도 한다. 그런 대화를 위해 무엇보다도 경청 능력이 필요하다. 경청은 귀와 눈과 마음으로 하는 것이다. 상대방의 이야기에 빠져 들어가 동정이 아닌 공감을 해야 한다. 공감 능력은 인간관계를 원만하게 맺는 데 아주 중요한 요소이다. 상대방의 말의 의도를 파악하고 기분과 감정을 살피며 마음을 열고 눈을 맞추며 귀로 들어야 한다. 그리고 잘 경청하고 있다는 표현으로 리액션도 중요하다.

　　인간관계에서 중요한 것은 신뢰이다. 신뢰는 혼자 만들 수 없다. 관계의 문제이다. 진정한 만남은 사람을 변화시키기도 한다. 서로에 대한 믿음이 그 관계를 더 돈독하게 한다. 서로에게 믿음을 줄 수 있으려면 서로에게 정직함이 필요하다. 신뢰를 통해 배려의 모습을 보이며 우정과 사랑으로 발전해 간다.

　　배려의 모습으로 양보의 모습이 나타나며 서로 함께 힘을 합쳐 서로의 이익과 공동의 목표를 위해 힘을 합치는 협력이 필요할 것이다. 자신의 이기심을 내려놓고 서로 균형과 조화를 이루며 상생과 공존을 위해 함께 힘쓰는 것이다.

모둠활동 3

1. 이 밖에 원만한 인간관계를 위해 우리가 갖추어야 할 태도나 자세가 있다면 어떤 것들이 있을까? 다 함께 생각해 보자.

2. 인간관계에서 중요하다고 생각하는 세 가지 태도나 자세를 고르고 그 이유에 대해 모둠별로 이야기 나누어 보고 가장 많이 나온 의견을 모아 발표해 보자.

3. 약한 관계의 강점 이론

하찮게 여길 만남은 없으며, 작은 만남도 소중하게 생각해야 한다.

세계적인 사회학자 마크 그라노베터(Mark Granovetter)가 쓴 논문 「약한 연대의 강력한 힘(The Strength of Weak Ties)」에서 흥미로운 실험이 등장한다. "취직을 할 때 현재 직장에 대한 정보를 누가 주었는가?"라는 질문을 했더니 많은 응답자가 "친구 말고 아는 사람"이라고 답한 것이다. 자주 만나는 사람으로부터 새로운 직장 정보를 얻은 경우는 16.7%에 불과했지만, 어쩌다 만나는 사람은 55.6%, 거의 만나지 않은 사람으로부터는 27.8%가 정보를 얻었다는 것이다. 약한 연결관계가 강한 연결관계에 비해 정보와 자원의 흐름에 훨씬 효과적이라는 것이다. 커리어에서 새로운 기회를 얻고 싶고 새로운 아이디어를 가지고 싶다면 약한 연대관계의 사람들과도 정기적으로 접촉해야 한다. 약한 연대에 있는 사람들에게 연락할 만한 이유를 만들어 내어 안부전화를 하거나 도움이 될 만한 정보를 주라는 것이다. 그렇게 해 두는 것이 자신에게 큰 자산이 될 수 있기 때문이다.

6단계 분리 이론이라는 것이 있다. 미국 하버드 대학교 스탠리 밀그램(Stanley Milgram) 교수의 주장에 의하면 6단계(6명)만 거치면 전 세계 사람들과 모두 연결될 수 있다고 한다. 그는 연쇄 편지 형식의 소포를 네브래스카 주의 오마하에 살고 있는 임의로 추출한 160명에게 보냈다. 그 소포에는 보스턴에서 일하는 한 증권 중개인의 이름이 들어 있었는데, 이 소포를 받은 사람들에게 소포를 중개인과 가장 가까운 사람에게 전달할 수 있다고 생각하는 사람에게 보내 달라고 부탁했다. 그 소포를 받은 사람은 자기 생각에 중개인과 더 가까운 위치에 있을 것 같은 사람들에게 계속 소포를 보냈고, 그러면서 이 소포는 미국 전역을 돌아다니게 되었다. 그리고 평균 5.5명을 거쳐 그 중개인에게 소포가 도착하였다고 한다. 2008년 마이크로소프트 사의 연구원인 에릭 호르비츠(Eric Horvitz)는 인터넷 대화 프로그램인 메신저에서도 평균 6.6명을 거치면 서로 연결된다는 결과를 발표하기도 하였다. 우리나라의 경우는 그 경로가 짧아서 3.6명 정도만 거치면 가능하다는 조사 결과도 있다.

모둠활동 4

☆ 모둠활동 1의 인맥 마인드맵에서 약한 연결 관계 그룹과 강한 연결 관계 그룹을 분류해서 표시해 보자.

Tip 서로 다른 색깔의 색연필로 두 개의 그룹의 바탕을 색칠하면 좋다.

---

4. 소셜 네트워크

소셜 네트워크를 통해 나의 인맥을 풍성하게 만든다.

아이러브스쿨, 싸이월드를 시작으로 트위터, 페이스북, 인스타그램, 라인, 카카오톡과 같이 커뮤니케이션, 미디어 공유, 메시지 서비스 등의 기능을 가지고 있는 소프트웨어를 통상적으로 '소셜 네트워크'라고 일컫는다.

소셜 네트워크는 온라인상에서 공통의 관심사를 가진 사용자 간 관계 맺기를 지원하고 축적된 지인 관계를 통해 인맥관계 정보 공유 등 다양한 커뮤니티 활동을 할 수 있도록 서비스를 지원한다. 단순히 인맥관계 유지를 뛰어넘어 마켓, 광고, 홍보, 대중 활동까지 할 수 있다. 시스템 안에서 사용자가 다양한 콘텐츠를 생산하면서 지적 재산 및 여러 광고성 수익을 창출할 수 있으며 생성 콘텐츠나 외부 콘텐츠를 공유하거나 추천·배포함으로써 다양한 네트워크 활동을 할 수 있다. 소셜 네트워크 시대에서는 '내가 누구를 아느냐'보다 '내가 어디에 연결되어 있느냐'가 훨씬 중요한 의미를 지닌다.

나보다 뛰어난 사람들을 만나려면 먼저 이곳저곳 찾아다니며 팔로잉을 하고 대화를 건네는 것이 중요하다. 또한 적극적으로 나라는 존재를 알려서 사람들로 하여금 나를 찾아오게 만들어야 한다. 관계를 맺고 싶다는 마음을 형성하게 만드는 프로필을 작성해야 한다. 우리는 전문성이 있는 사람, 정보, 기회, 자원을 제공해 줄 수 있는 사람, 함께 있으면 즐겁고 행복한 사람, 꿈과 비전이 큰 사람에게 기대감을 가지게 된다. 그러므로 기대감을 줄 수 있으면서 간결하고 강한 인상을 주어야 할 것이다.

기능 가운데 특정 단어에 대한 글이라는 것을 표현하는 기능으로 # 기호와 특정 단어를 붙여 쓰는 해시태그가 있다. 검색의 편리함을 위해 도입한 기능이지만 특정 주제에 대한 관심과 지지를 드러내는 방식이나 수단으로 사용되기도 한다. 페이스북과 트위터에서 해시태그가 있는 글과 없는 글의 마케팅 매출이 두 배 이상 차이가 난다고 한다.

모둠활동 5

☆ 자신을 표현할 수 있는 키워드 5개를 적어 보고 프로필 또는 글에 #해시태그를 달아 SNS에 게시해 보자.

Tip 해시태그를 달아 주요 단어로 자신을 표현해 보자. 주요 단어들을 연결하여 자신을 소개하는 활동도 좋다.

5. 대화가 중요해!

인간관계에 있어서 소통을 위한 수단인 대화가 중요함을 인식한다.

모둠활동 6

1. 자두의 〈대화가 필요해〉라는 노래를 듣는다.

2. 노래를 듣고 대화가 필요한 이유에 대해 나누어 보자.

3. 느낀 점은 무엇인지 이야기해 보자.

자두의 〈대화가 필요해〉

또 왜 그러는데 뭐가 못마땅한데

할 말 있으면 터놓고 말해 봐

너 많이 변했어 (내가 뭘 어쨌는데)

첨엔 안 그랬는데 (첨에 어땠었는데)

요새는 내가 하는 말투랑 화장과 머리 옷 입는 것까지

다 짜증 나나 봐 (그건 네 생각이야)

우리 서로 사랑한 지도 어느덧 10개월

매일 보는 얼굴 싫증도 나겠지

나도 너처럼 나 좋다는 사람 많이 줄 섰어

(간다는 사람 잡지 않아 어디 한 번 잘해 봐)

근데 그놈의 정이 뭔지 내 뜻대로 안 돼
맘은 끝인데 몸이 따르질 않아
아마 이런 게 사랑인가 봐 널 사랑하나 봐
(지금부터 내 말을 들어 봐)

넌 집착이 심해 (그건 집착이 아냐)
나를 너무너무 구속해 (그럼 너도 나를 구속해)
우리 결혼한 사이도 아닌데 마치 와이프처럼 모든 걸 간섭해

너의 관심 끌고 싶어서 내 정든 긴 머리
짧게 치고서 웨이브 췄더니
한심스러운 너의 목소리 나이 들어 보여
(난 너의 긴 머리 때문에 너를 좋아했는데)
네가 너무 보고 싶어서 전화를 걸어
날 사랑하냐고 물어봤더니
귀찮은 듯한 너의 목소리 나 지금 바빠
(듣고 보니 내가 너무 미안해)
대화가 필요해 (이럴 바엔 우리 헤어져)
내가 너를 너무 몰랐어 (그런 말로 넘어가지 마)
항상 내 곁에 있어서 너의 소중함과 고마움까지도 다 잊고 살았어

대화가 필요해 우린 대화가 부족해
서로 사랑하면서도 사소한 오해 맘에 없는 말들로
서로 힘들게 해 (너를 너무 사랑해)
대화가 필요해

　　세계 최대 베스트셀러인 성경에서 바벨탑 사건의 이야기가 나온다. 인간은 노아의 홍수의 사건과 같은 일을 다시는 당하지 않으려고 하늘 높이 탑을 쌓았다. 하늘 높이높이 탑을 쌓아 올라가면 홍수와 같은 재해도 면하고 하나님도 만날 수 있다고 생각했다. 하나님은 그런 인간들이 합심해서 탑을 쌓지 못하게 하려고 언어를 흩어 놓으셨다고 한다. 그전까지는 언어가 하나였는데 바벨탑 사건 이후로 다양한 언어로 나뉘게 되었고, 사람들이 여러 언어로 말하게 되어 서로 알아들을 수 없게 되어 의사소통이 되지 않자 마음과 뜻을 하나로 모아 탑을 쌓지 못하게 된 것이다. 여러 언어가 생기면서 사람들이 서로 마음과 뜻을 잘 나누지 못하게 될 뿐 아니라 같은 언어를 사용하는 사람들끼리도 서로의 마음과 뜻을 나누기가 힘들어졌다. 이기적인 자세와 태도로 타인의 음성에 귀 기울이기보다는 자신의 입장에서 말하게 되면 서로 소통이 이루어질 수 없다. 서로의 마음을 나누는 대화는 중요하다. 대화가 부족하면 오해가 생기고 공동체 안에서 이루어 갈 목표를 한 뜻으로 모아 추진하기가 어렵다. 서로의 생각과 뜻을 잘 이해할 수 있도록 서로에게 관심을 기울이고 타인의 이야기를 들어 주어야 한다. 그리고 내 생각과 뜻을 상대방이 이해할 수 있는 언어와 단어 선택으로 표현해야 한다. 부모님과의 관계에서, 사랑하는 연인과의 관계에서 그리고 내가 속해 있는 공동체 안에서 대화는 반드시 필요한 소통의 도구로서 자신의 감정과 뜻을 정확하게 전할 수 있도록 표현할 수 있어야 한다.

VENTURE STAR 마무리 활동

◇◇

1. 풍성한 인간관계 맺기

진심에서 우러나오는 감사는 사람들의 마음을 열어 준다.

▶ 동영상: [지식채널 e] 〈실패한 인생〉

〈지식채널 e−실패한 인생〉 동영상을 보면 경제적인 파산으로 인해 자신의 인생이 실패한 인생이라고 생각했던 사람이 그 절망의 순간에 유서가 아닌 주변 사람들에게 감사 편지를 쓰기 시작하면서 인생이 바뀐다. 실패한 인생의 주인공인 존 크랠릭(John Kralik)은 감사 편지를 쓰기 시작하면서 자신의 감정들이 활짝 열리게 되었고 비로소 자신만의 고통에서 벗어나 다른 사람들을 보게 되었다고 고백하고 있다. 주변 사람들에 대한 감사의 마음을 전달하는 것은 그의 삶을 변화시켰다. 관계의 회복은 삶을 풍요롭게 만든다. 존 크랠릭의 감사 편지를 받은 사람들의 마음도 활짝 열리고 그들 자신의 삶에서 감사를 찾고 회복되는 일들이 생기게 되었을 것이다.

감사할 줄 아는 사람에게는 감사할 일이 자꾸 생기기 마련이다. 언제부터인가 우리는 감사를 잃어버렸다. 남과 비교하기 시작하면서부터인 것 같다. 지나친 경쟁과 물질 만능주의가 우리가 가진 것이 아닌 없는 것에 집중하게 만들었다. 내게 주어진 모든 것에 대해 감사하기 시작하면 정신적으로나 신체적으로 모두 조화롭고 건강해진다. 감사의 태도는 상대방에게 좋은 감정을 주게 되어 인간관계가 보다 원만해져 삶이 풍성해지고 더 행복해지게 만든다. 감사의 태도는 나만의 행복만을 위한 것이 아니라 타인에게도 긍정적인 효과를 가져다준다.

2. 과제 활동

1) 감사 메시지 보내기

진심을 담은 감사와 축복 메시지를 하루에 한 명씩 주변 사람들에게 보내보자. 직접 손편지를 써 보면 더 좋다. 손편지가 아니더라도 문자 메시지를 통해 전달해도 좋다.

2) SNS 활동

소셜 네트워크를 통해 약한 유대관계에 있는 사람과 연결관계를 맺는 실천을 해 보자. 사회적으로 인지도가 있는 인물의 트윗이나 페이스북 또는 인스타그램을 팔로잉해 보자. 그리고 나에게 연결된 팔로워들에게 인사말을 보내 보자. 그들의 반응에 대한 성찰일지를 기록해 보면 좋다.

추천 도서

1. 트위터 페이스북으로 만드는 신 인맥지도(양광모, 원섭 공저, 무한, 2010)

우리는 소셜 네트워크 시대를 살아가고 있다. 트위터나 페이스북 등 SNS

를 통한 인맥 관리의 실제적인 방법들을 소개하고 있는 책이다.

부록에는 유명인들의 트위터 주소 목록이 있어 관심 있는 분야의 사람을 팔로잉하기 위한 좋은 정보가 제공되고 있기도 하다.

2. 데일 카네기 인간관계론(개정판, 데일 카네기 저, 김지현 역, 미래지식, 2015)

화술과 사업, 대인관계, 응용심리학을 적절히 활용한 독특한 프로그램으로 큰 인기를 끌었던 데일 카네기(Dale Carnegie)의 명강연을 책으로 정리한 것이다. 이 책은 살아가면서 부딪히는 인간관계의 어려움을 많은 사람의 생생한 경험담을 통해 소개하고 있다.

내가 아닌 타인과의 관계를 잘 유지하는 것이야말로 인생의 성공과 행복을 위한 필수요소이다. 이에 데일 카네기는 다른 사람의 마음을 잘 읽고 설득하는 방법에 관해 명쾌한 해법을 제시한다. 따뜻한 말 한마디, 친절한 미소가 가져다주는 혜택은 크다고 말하고 있다. 이 책에서 제시하는 방법들을 제대로 습득한다면 어디서든 마주할 수밖에 없는 인간관계의 모든 문제를 훨씬 자신 있고 당당한 태도로 이끌어 나갈 것이라고 제안하고 있다.

🎬 추천 영화

1. 소셜 네트워크(데이빗 핀처 감독, 2010)

페이스북이 만들어지는 과정을 담은 영화이다. 페이스북 창시자인 마크 저커버그(Mark Zuckerberg)는 처음에는 인간관계에 문제가 있었던 사람이 분명한 듯 보인다. 아이러니하게도 대인관계에 문제가 있는 사람이 인맥 교류 사이트를 만들게 되었다. 의사소통을 잘하지 못하는 사람들에게는 인터넷 소셜 네트워크가 약점을 극복하게 하기도 하며, 인간관계, 인맥의 어려움을 극복할 수 있는 도구가 될 수 있다. 주인공은 블로그에 욕과 악담을 늘어놓던 사람이었다. 그런 그가 비도덕적 행실로 회사 이미지를 추락시킨 손을 해고 하는 것을 보면 네트워크 개발을 통해 네트워크의 위대하고 무서운 힘을 깨 닫게 된 것 같다.

2. 윈터 슬립(누리 빌제 세일란 감독, 2015)

주인공 아이딘은 무난한 사람임에도 불구하고 여러 갈등을 겪는다. 매우 일상적이며 현실적인 관계 속에서 빚어지는 우리의 일상과 같은 갈등들을 묘 사하고 있다. 오가는 대사와 내용은 매우 현실적이며 우리네 일상과 흡사하 다. 우리네 현실에서도 특별히 악이 존재하지 않아도 갈등은 항상 존재한다. 서로의 다른 입장에서 자기중심적인 대화를 이어 나가는 것을 보며 우리의 모습이 이 영화를 통해 투영되는 듯하다.

★ ★ ★ ★
참고자료

김민주(2011). 시장의 흐름이 보이는 경제 법칙 101. 경기: 위즈덤하우스.

김진세(2015). 모든 것을 이기는 태도의 힘. 서울: 알투스.

양광모, 원섭(2010). 트위터 페이스북으로 만드는 신 인맥지도. 서울: 도서출판 무한.

유용미, 황소영(2003). (세상에서 가장 든든한)인맥 지도를 그려라: 실전! 큰 세상을 향한 인 맥 만들기. 서울: 아라크네.

Carnegie, D. (2015). 데일 카네기 인간 관계론(김지현 역). 경기: 미래지식.

〈소셜 네트워크〉(데이빗 핀처 감독, 2010)
〈윈터 슬립〉(누리 빌제 세일란 감독, 2015)

EBS 〈지식채널 e-'실패한 인생'〉 http://tv.naver.com/v/121468
네이버 지식백과 〈해시태그〉 (2017. 8. 26. 네이버 검색자료)
데일 카네기 인간관계론 / 예스24 책 소개 참고
해시태그 왜 필요한가 http://m.blog.naver.com/ttuttu76a/220586476249

활동지 8-1

☆ 마인드맵을 활용하여 인맥 지도를 만들기!

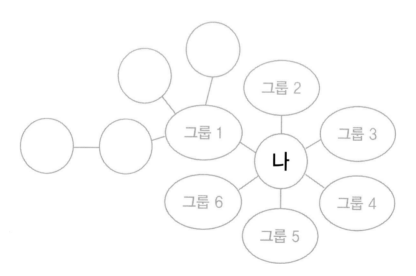

활동지 8-2

☆ 롤링페이퍼 장점 적기!

이름: (자신의 이름을 적습니다)	공감받기

활동지 8-3

☆ 원만한 인간관계를 위한 태도나 자세 적어 보기!

활동지 8-4

☆ 키워드 5개를 적어 보기!

#

#

#

#

#

활동지 8-5

☆ 대화가 필요한 이유는?

☆ 노래를 듣고 느낀 점

9

해피투게더

주제

벤처스타의 프로젝트 기업 세우기

주요 내용

창조적 기업을 협동조합 및 사회적 기업의 형태로 계획해 본다.

교육 목표

기업의 한 형태인 협동조합에 대해 알아보고 나아가 사회가 필요로 하는 기업을 협동조합의 형태로 구상해 보는 시간을 가짐으로써 경쟁이 아닌 상생하는 사회를 만들 수 있는 지식적·소양적 기반을 갖추도록 한다.

수업의 기대 효과

기업을 운영하는 데 있어 여러 형태가 있음을 알게 한다. 탈산업화시대에 맞추어 과도한 경쟁과 자본 중심이 아닌 모두가 공존하고 상생하는 협동조합의 형태를 경험해 봄으로써 호혜의 정신을 공유한다. 나의 필요와 타인의 필요, 그리고 사회의 필요에 대해 함께 생각해 보고 비즈니스 아이디어로 발전시켜 실행할 수 있는 계획을 세워 본다. 그렇게 함으로써 문제해결 능력을 향상시키고 문제에 대한 회복탄력성을 강화시킬 수 있다.

VENTURE STAR 도입 활동

◇◇◇

1. 내쉬의 균형

공동체 구성원 모두를 위한 이익을 생각할 수 있다.

▶ 동영상: [지식채널 e] 〈내쉬의 균형〉(http://youtu.be/BcRu1V5-o2c)

게임이론 중에 '죄수의 딜레마'가 있다. 딜레마란 선택할 수 있는 길은 두 가지 중 하나로 정해져 있는데, 그 어느 쪽을 선택해도 바람직하지 못한 결과가 나오게 되는 곤란한 상황을 의미한다. 즉, 진퇴양난의 상황이며 궁지에 몰려 어느 것이든 선택해야만 하는 상황이 직면한 것을 말한다.

죄수의 딜레마는 죄수가 딜레마에 빠진 상황을 이론화한 것이다. 범죄를 저질렀다고 추정은 되나 아직 확인이 되지 않은 두 용의자가 있다. 검사는 이 두 용의자를 격리하여 심문하며 그들에게 묵비권을 행사하면 각각 징역 2년을 받지만, 상대의 죄를 밝혀 주는 사람은 풀려나고 상대만 징역 10년을 받는다고 제안한다. 과연 묵비권을 행사할 것인가, 아니면 배신을 할 것인가? 과연 어떤 선택이 최선의 선택인가?

모둠활동 1

1. 죄수의 딜레마에 대한 내용을 가지고 '믿고 묵비권을 행사하는 것이 나을까, 아니면 배신을 하고 자신의 이익만을 생각하는 것이 나을까'에 대해 의견을 나누어 보자.

> **Tip** 두 가지 사항에 대해 찬반을 나누어 토론을 시켜 뒷받침되는 논리적인 근거들을
> 기록해 본다.

의리를 지키고 묵비권을 행사할 것인지, 아니면 징역을 살기 싫다는 마음
에 배신할 것인지 고민에 **빠**진다. 이때의 상황을 표로 나타내면 다음과 같다.

〈표 9-1〉 죄수의 딜레마

	A 묵비권 행사	A의 배신
B 묵비권 행사	각각 징역 2년	A는 0년, B는 10년
B의 배신	A는 10년, B는 0년	A, B 모두 10년

두 용의자에게 주어진 상황과 정보는 공평하다. A가 생각하는 그 시간에 B
도 같은 생각을 한다. 각자 자신에게 유리한 선택을 한다고 하자. A의 입장에
서 배신이 본인에게 가장 이익이다. 하지만 A뿐 아니라 B도 동일한 상황이며
같은 생각이라면 결국 결과는 두 사람 모두에게 최악이 되고 만다. 이와 같은
경우 두 죄수 모두 묵비권을 행사하는 것이 우월 전략이 될 수 있다.

인간은 상호적이다. 남을 생각하며 불공정한 행위에 대해 응징하려는 속
성을 가지고 있다. 자신의 행동을 선택할 때 다른 사람이 어떻게 행동하는지
를 고려하게 된다.

인간의 선택은 자신만의 최대 이익을 생각하기보다는 다른 사람들의 선택
을 고려한 최선의 선택을 하게 되어 있다. 사회의 균형은 다른 사람들의 생각
을 고려하고 다른 사람들과 함께하는 기본적인 인간의 본성에서 시작한다고
볼 수 있다.

수학자이면서 노벨경제학상을 수상한 내쉬(Nash)는 당대 최고의 경제학
자 애덤 스미스(Adam Smith)의 '보이지 않는 손'의 원리인 '한 그룹의 개개인

이 최선을 다하고 최고로 잘할 때 최고의 성과를 이룰 수 있다'라는 말을 뒤집었다. 경쟁 상대 사이에서 벌어지는 위협과 반응의 역학관계를 균형의 개념으로 설명하여 '내쉬의 균형이론'을 정립하였다. 이는 개인의 이익을 극대화한 행위가 결과적으로 서로에게 손해를 끼칠 수 있으므로, 주어진 상황에서 최선의 전략을 선택하는 데 있어서 상대방이 선택할 전략을 예측하고 이 예측대로 상대가 선택했다는 전제하에 상대의 대응에 따라 최선의 선택을 하여 균형을 이룬다는 것이다.

VENTURE STAR 전개 활동

1. 공생공존

함께하면 더 큰 유익을 가져다준다는 것을 알게 된다.

▶ 동영상: [세바시 194회] 〈성공하는 상상 실패하는 상상〉(http://youtu.be/GcU7LGqEyiU)

문화 기획가이자 상상공장 대표인 류재현 대표는 어릴 적에 이웃집과 공간을 함께 공유해 보면 어떨까 하는 상상을 했었다고 한다. 그 상상은 각각 50여 평씩이었던 윗집, 옆집과 자신의 집이 공동 주택을 만들어 함께 살면 실제적인 150평보다 더 넓은 공간을 함께 사용할 수 있고 새로운 공간도 생기고 수익도 발생하여 더 행복하지 않을까 하는 생각을 초등학교 때 한 것이다.

젊은 시절에는 티켓 1장으로 여러 클럽을 마음껏 이용할 수 있는 홍대 앞 클럽데이라는 축제를 만들었다. 10개의 클럽 공간을 실제로 합쳐도 1,500평

으로 1,500명밖에 들어가지 못하는데, A라는 클럽에서 B라는 클럽으로 갈 때
그 이동 공간도 사람들이 점유할 수 있는 공간이 된다. 또한 사람들이 공간을
순례하며 순환하기 때문에 시간차가 생기게 되어 동시에 그 많은 사람을 수
용하기 위해 그렇게 큰 공간이 필요하지 않게 되는 것이다. 이렇게 함으로써
10,000명까지도 참여할 수 있게 된다. 또한 이 클럽데이는 공존의 법칙과 존
중의 마음으로 티켓을 많이 판 클럽이든 적게 판 클럽이든 수익을 똑같이 나
누어 가진다는 것에서 특별하다.

경기도 부천시 신중동 먹자거리를 활성화시킨 프로젝트를 보면, 거리에 파
라솔 공간을 만들고 그 먹자거리 식당들의 대표 음식들을 먹을 수 있는 뷔페
쿠폰을 만들어서 판매했더니 매출은 2배 이상 증가했다고 한다.

결론적으로 나와 유사한 생각을 하거나 일을 하는 사람들이 함께했을 때
큰 유익이 있다. 자신만의 이익을 생각하는 것이 아니라 다른 사람들이 원하
는 것이 무엇인지를 생각하고 그 요구에 함께 생각을 공유하고 함께 실천하
는 것이 모두가 행복하고 성공에 가깝게 다가가는 것이다.

〈사례 9-1〉 공생공존

1. 일본의 쿠로가와 온천 마을

일본 큐슈 지역의 예쁜 산 속 온천마을에 있는 30여 곳의 료칸들이 연합하여 료칸들
마다 특색 있는 노천온천들을 마련하고, 온천 안내소에서 온천 마패를 판매하여 30여
곳 중에서 3곳을 이용할 수 있도록 하고 있다. 관광객들은 적은 돈으로 각각의 특색 있
는 여러 온천을 여유롭게 경험할 수 있다. 쿠로가와 온천마을 료칸들은 함께 연합하여
많은 관광객을 유치할 수 있고 이익을 함께 나눈다.

2. 대전의 비파크 공유 경제 청년 공동체

대전 지역 대학의 카이스트와 충남대학교 학생들이 모여 어떻게 먹고 살고, 어떻게 재미있게 일을 할 수 있으며, 어떤 조직 문화를 가져야 할지에 대한 고민을 공유하면서 청년들의 지속적인 자립을 위하여 청년 고리 대전 청년 네트워크를 출범시켰다. 그들은 대전 유성구청 근처에 마을 공동체를 기반으로 하여 도시 재생에 힘쓰며 공유 경제를 이루고 있다. 공유 주방인 '비밀(BEE MEAL)', 쉐어 하우스인 '꿈꿀통', 코워킹 스페이스인 '벌집(Birlzip)'을 비롯하여 공유서점, 청년문화공동체, 공유 화폐, 공유 장터 등이 있다. 이들은 지속 가능한 청년 커뮤니티 생태계를 디자인하고 실천하고 있다.

비파크 공유 경제
청년 공동체

2. 협동조합

co-operative 협동조합에 대해 알고 기획할 수 있다.

2008년 글로벌 금융 위기 때 세계적으로 많은 기업이 도산을 하고, 그로 말미암아 많은 사람이 일자리를 잃게 되었다. 이 위기를 잘 극복하고 건실하게 유지하는 기업들에 대해 2009년 국제노동기구(International Labor Organization: ILO)가 연구하여 UN에 특별 보고서로 제출하게 되었다. 그 보고서에 따르면 그 기업들은 협동조합과 협동조합이 세운 회사들 그리고 협동조합의 자회사들이었다. 이러한 세계적인 흐름에 발맞추어 우리나라에서도 2012년 12월에 「협동조합 기본법」이 제정되었고, 5인 이상 조합원을 모으면 누구나 금융, 보험업을 제외한 모든 분야에서 협동조합을 만들 수 있게 되었다.

▶️ 동영상: [로치데일 협동조합] 로치데일 개척자 이야기(http://youtu.be/_3dP4ru1q_4)

협동조합이란 상부상조의 정신으로 경제적 이익을 추구하기 위하여 물자 등의 구매, 생산, 판매, 소비 등의 일부 또는 전부를 협동으로 영위하는 조직이다. 협동조합은 자본주의 기업처럼 투자 자본의 수익만을 창출하는 것이 그 목적이 아니라 기여하는 것에 대해서 보상을 극대화하는 것이 그 목적이라고 말할 수 있다. 남은 이윤을 자본가가 독식하는 일반 기업과는 달리 조합원들이 그 남은 이윤을 공공의 이익을 위해 사용하거나 재분배하게 된다. 민주주의, 평등, 공정, 연대, 사회적 책임과 타인에 대한 배려를 핵심 가치로 삼고 있다. 협동조합은 조합원이 공동으로 소유하고 지분과 상관없이 1인 1표의결권을 갖게 된다. 가입의 자유, 민주적 운영, 조합원의 경제적 참여, 자율적이고 독립적인 운영, 교육, 협동조합 간의 협동, 지역사회 공헌 등을 원칙으로 한다. 우리에게는 아직 익숙하지 않지만 170년 이상의 역사와 경쟁력이 있는 기업 형태이다.

로치데일 협동조합은 영국 랭커셔주의 작은 마을 로치데일에서 노동자 28명이 28파운드를 가지고 만든 세계 최초의 소비자 협동조합으로, 국제협동운동의 기본 원칙으로 지금도 계승되고 있는 '로치데일 원칙'을 확립한 로치데일 공정 선구자 협동조합이다.

모둠활동 2

1. 인터넷 정보 검색을 활용하여 세계적인 기업 가운데 협동조합의 형태를 하고 있는 기업 5개를 조사해 보자.

2. 각각의 기업들을 한 문장으로 소개해 보자.

> **Tip** 기업 이름만 조사하여 빙고게임을 해도 좋다. 잘못된 정보 검색이 이루어졌을 때에는 반드시 확인해 주어야 한다.

협동조합의 형태를 띤 기업들을 보면 5가지 유형으로 나눌 수 있다. 합리적인 소비를 위해 설립하는 소비자 협동조합, 안정적인 일자리를 늘리기 위해 설립하는 노동자 협동조합, 동종 업종의 건전한 발전을 목적으로 하는 사업자 협동조합(생산자 협동조합, 판매자 협동조합), 이질적인 이해관계자의 상생과 복리 증진에 기여하는 다중 이해관계자 협동조합, 복리 증진에 관련된 사업 수행으로 취약 계층에서 서비스나 일자리를 제공하는 등 비영리를 목적으로 하는 사회적 협동조합이 있다.

[사례 예시]

AP 통신	언론 협동조합	미국	언론사를 조합원으로 하는 세계 4대 통신 중 하나
FC 바르셀로나	협동조합	스페인	17만여 명의 출자자가 주인으로 조합원 투표로 회장 선출
썬키스트	생산자 협동조합	미국	세계 최대의 단일 품목 농협으로 대표적인 성공 사례
제스프리	생산자 협동조합	뉴질랜드	전 세계 수출 물량 40%, 금액으로는 70% 이상 독점
에밀리아 볼로냐 지역	유형 다양	이탈리아	시민 70% 이상이 조합원으로 협동조합 도시. 1284개 협동조합(2011) 레가코프(Lega Coop): 대표 협동조합
몬드라곤	유형 다양	스페인	264개의 협동조합으로 스페인 7대 기업그룹 중 하나
미그로	소비자 협동조합	스위스	200만 명의 조합원으로 스위스 최대 소매 기업
라보 은행	농민 협동조합	네덜란드	네덜란드 국민의 50%가 조합원으로 가입. 농업은행으로는 세계 최대.
쿠로가와 온천	관광여관 협동조합	일본	쿠로가와 지역 24개 료칸이 연합하여 다양한 체험 제공
아이쿱 '자연드림'	소비자 협동조합	한국	25만여 명 조합원으로 국내에서 가장 성공적인 협동조합 사례
웰치스	협동조합이 소유한 주식회사	미국	협동조합이 주식회사를 활용할 수 있는 가능성을 보여 줌

협동조합으로 창업하려는 사람들을 쿱 스타트업이라고 부른다. 스타트업에 필요한 것은 빠르게 아이디어를 상품화하여 생산하고 고객의 반응으로 검증하여 다시 제품 개발에 반영하며 학습해 나가는 것이다.

이를 위해 프로젝트 프로세스로 먼저 필요를 점검한다. 나의 필요, 타인의 필요, 사회적 필요가 무엇인지 생각하는 것에서부터 시작한다. 나와 조합원이 가지고 있는 자원을 활용하여 해결할 만한 고객의 문제가 무엇인지 생각해 보는 것이다. 고객의 입장에서 해결할 만한 문제가 파악되면 고객이 원하는 제품이나 서비스를 준비하고 실행에 옮기는 것이다. 그러기 위해 스토리와 콘셉트를 작성해 보면 좋다.

해결할 만한 문제에 대한 아이디어를 비즈니스 스토리로 만들어 본다. 이것들을 세부적으로 작성하기 위해 협동조합 콘셉트로 필요(목적)와 조합원의 범위, 공동 사업 방식을 선정한다. 그리고 '누구에게(목표고객, 기존 해결책), 무엇을(우리의 해결책), 어떻게 (수익구조, 채널, 관계자원)' 팔 것인가를 결정하여 비즈니스 모델 콘셉트를 만든다. 이렇게 해서 협동조합 비즈니스 모델 콘셉트는 대략적으로 구성된다.

혼자가 아니라 여럿이 함께 비즈니스를 하는 것이므로 공동의 필요와 사업을 찾아야 한다. 왜 혼자가 아니라 같이 해야 하는가에 대한 충분한 대답이 필요하다. 그래야 함께할 수 있다.

> **예시** 에이유디 사회적 협동조합
>
> 비즈니스 스토리:
>
> 우리나라 청각 장애인 26만 명 중 약 10%만이 수화로 의사를 소통하고 있는 것이 현실이다. 에이유디 사회적 협동조합은 이런 현실에서 '소리를 보게 할 수 있을까?'라는 비즈니스 아이디어에서 출발해서 '쉐어 타이핑'이라는 플랫폼을 개발했다. 앱을 다운받고 회원가입을 하면 각종 세미나, 토론회에 대해 실시간으로 문자 서비스를 받을 수 있도록 함으로써 에이유디 사회적 협동조합은 청각 장애인의 사회적 문제를 해결해 나가고자 한다.

협동조합 비즈니스 모델 콘셉트

필요와 목적	공동 사업 방식	핵심 조합원
• 직원들의 안정적 일자리 창출 • 청각장애인의 정보 접근권 실현	생산자 협동조합(공동 생산, 공동 판매)	• 직원 • 소비자
어떻게(수익구조, 채널, 관계자원) • 대기업의 사회 공헌 자금을 수익으로 청각장애인에게 무료 제공 • 대인 영업을 통해 대기업 담당자에게 홍보 활동, 홈페이지 활용 • 협동조합 입주 센터를 통해 관계자원 협력 지원	무엇을(우리의 해결책) 쉐어 타이핑 솔루션 개발	누구에게(목표고객, 고객문제, 기존 해결책) 대기업의 CSR 담당자

손익 추정	시장규모
매출액 1억−원가 4,800만 원−인건비 3,000만 원−영업비 600만 원	대기업 CSR 시장규모 약 3조

조합원 기여	조합원 편익
조합 사업에 대한 적극 참여	• 쉐어 타이핑 서비스를 통한 정보 접근 보장 • 의사소통 지원 및 삶의 질 향상

출처: 강민수, 박범용(2015)에서 참고.

모둠활동 3

1. 모둠별로 가상의 협동조합을 세운다.

2. 비즈니스 스토리를 만든다.

3. 비즈니스 모델 콘셉트를 작성한다.

Tip 1 모둠별로 필요(나의 필요, 타인의 필요, 사회적 필요)를 점검해 보고 해결할 만한 문제의 임의 고객들을 선정하여 비즈니스 아이디어를 짜 본다. 비즈니스 아이디어를 갖게 된 배경 및 해결하고자 하는 문제와 제공할 제품이나 서비스가 무엇인지 비즈니스 스토리를 작성한다. 협동조합 콘셉트로 필요, 핵심 조합원의 범위, 공동 사업 방식을 선정하고 누구에게, 무엇을, 어떻게, 팔 것인지에 대한 협동조합 비즈니스 모델 콘셉트를 작성해 본다.

Tip 2 팀별로 발표를 하고 다른 팀에게 질문과 의견을 받는다. 아이디어를 보태거나 문제점을 제시하도록 한다. 팀별로 발표할 시간이 충분하지 않다면 동시에 팀의 대표가 다른 팀으로 가서 프로젝트를 설명하고 다른 팀원들에게서 아이디어를 보충 받는 방법을 사용해도 좋다.

3. 프리마켓

프리마켓을 기획해 보고 판매 활동을 경험한다.

창의적인 아이디어를 도출하고 다양한 의견 가운데 가장 적절한 것을 선택하여 프리마켓 행사를 성공적으로 개최하고자 한다. 다양한 아이디어 도출 및 수렴 도구로서 쉽고 간단하게 적용할 수 있는 브레인스토밍과 생각의 피자판을 소개한다.

1) 브레인스토밍

자유연상법으로 창의적인 아이디어를 생산하기 위한 학습 도구로서 하나의 주제에 대하여 자유롭게 의견을 제시하는 기법이다. 두뇌를 뜻하는 'brain'과 폭풍을 뜻하는 'storm'을 결합하여 '머릿속에서 새로운 생각들이 폭풍처럼 일어난다'는 의미를 가지고 있다. 팀 구성원들이 각자 자신들의 생각을 글이나 그림으로 제시하는 것으로, 브레인라이팅도 이에 속한다고 할 수 있다.

특정한 문제에 대한 근본 원인을 모두 찾아보려고 할 때나 문제에 대한 해결책을 찾아보려고 할 때 팀 구성원 모두가 참여하여 개선활동 및 프로젝트 실행을 계획 · 실천하는 데 사용하기 좋다.

아이디어는 질보다는 양을 중요하게 생각하며 다른 사람이 작성한 아이디어를 보고 새로운 아이디어를 도출하기 때문에 아이디어 릴레이라고도 불린다.

수집된 아이디어는 팀별로 수집 · 정리하는데, 유사한 것끼리 모아 분류하는 것을 '유목화'라고 한다. 내용을 정리하여 도출된 아이디어 중 몇 가지를 선택해야 할 경우 투표용 스티커를 이용하여 참가 구성원의 의견과 동의를 구한다. 이런 가시적인 효과를 통해 다양한 견해를 가감 없이 게시하며 진행 과정에 대한 집중과 투명성을 확보하고 적극적인 참여를 유도해 나갈 수 있다.

2) 명목 집단법

브레인스토밍의 경우 자유롭게 의견을 내는 것이라고는 하지만 실제 팀 안에서 거리낌 없이 의견을 낸다는 것은 쉽지 않다. 먼저 자기검열을 통해 의견을 말하는 것을 주저하게 되며, 이는 개인적인 성향이 크게 좌우하게 된다. 그러므로 팀 안에서 보이지 않고 인지하기 힘들지만 의견이 어느 한쪽으로 기울어지기 쉽다는 것이다.

이러한 단점을 극복하기 위해 집단에서 토의하기 전에 토의 주제에 대한 자신의 생각을 다른 사람과 이야기 나누지 않고 침묵 속에서 토의 주제에 대한 자신의 생각을 노트나 분임 토의 양식 또는 카드 등에 정리하는 일정한 시간을 부여하여 정리한 내용을 가지고 의견을 발표하고 나누는 것이다. 이는 더 많은 아이디어를 촉진시키고 모든 구성원들의 균등한 발언 기회를 제공하며 지위에 의한 합의 압력 및 경쟁적 분위기를 감소시키며 주제에 대한 구성원들의 활발한 논의를 유도할 수 있다. 그러므로 아이디어에 대한 우선순위를 민주적으로 정할 수 있을 것으로 기대한다.

3) 생각의 피자판

디딤돌이라고도 하는 생각의 피자판은 랜덤 워드(random word) 원리로, 주제와 무관한 단어로 자극하는 강제연상법 중 하나이다. 무작위 단어를 선택해서 가장 안쪽 동그라미 안에 적어 놓고 그 동그라미를 둘러싼 동그라미를 그린 후 8개 칸으로 나누어 가장 안쪽 동그라미에 적어 놓은 단어와 연상되는 대상이나 특징 등을 자유롭게 작성한다.

그런 다음 또 바깥 동그라미를 그려 똑같이 확장시킨 후 8개 칸으로 나누고 본래 주제 질문을 적은 포스트잇을 가장 안쪽 무작위 단어 위에 붙여 놓고 그 주제와 가운데 원에 적혀 있는 8개의 디딤돌 역할을 하는 연상 단어와 연결하여 떠오르는 아이디어를 바깥의 8개의 칸에 작성해 본다.

이렇게 도출된 아이디어를 유목화하여 분류 · 정리한 후 핵심 주제를 도출하고 이를 토대로 과제해결 방안을 고민한다. 아이디어에 대한 평가, 수정, 선택 등의 방법에 있어서 팀 구성원의 의견과 동의를 구하는 투표용 스티커 방법 등을 사용하여 의견을 수렴하여 의사결정할 수 있다.

모둠활동 4

1. 우리를 둘러싼 지역 및 공동체의 문제점과 필요를 알아보기 위해 브레인스토밍으로 활동한다.

2. 문제 및 필요에 대한 해결책을 제시해 보자.

> Tip | 포스트잇을 준비해 준다. 아이디어를 낸 포스트잇을 범주화한다. 다른 모둠을 돌아다니며 좋은 아이디어에 스티커를 붙여 주는 멀티 보팅 활동을 하면 좋다.

〈사례 9-2〉 마켓 활동

처음엔 많이 팔아서 많이 벌겠다는 기대감을 가지고 했는데 상상했던 거와 다르게 적자가 나왔네요…… 후회는 안 하구 다들 맛있게 드셔서 뿌듯했습니당.

계획했던 대로 양말을 팔지 못했지만 책을 팔 수 있게 해 주셔서 감사합니다. 위기를 다 같이 웃으며 견딜 수 있었고 서로 협동하여 좋은 성과를 낼 수 있었습니다.

장미를 잘 팔 수 있을지 걱정이 되었지만 한 사람 한 사람 힘을 모아 협동하니 안 되는 건 없는 것 같습니다.

날씨가 더워서 커피를 잘 팔 수 있을까 걱정한 것과는 달리 다른 조 분들께서 도와주신 덕분에 많이 팔 수 있어서 진정한 협동조합의 의미를 몸소 배울 수 있는 시간이었습니다.

협동하여 기부도 하고 함께할 수 있다는 사실이 좋았고 뿌듯했어요^^

처음 해 본 판매라 어려움이 없진 않았지만 협동조합에서 협동의 의미를 몸소 배울 수 있었고 유익한 시간이었습니다.

협력을 통해 같은 조끼리 이쁜 목걸이를 팔다 보니 어느새 다 팔려서 놀랐고, 인생에 있어서 알바가 아닌 실제로 무엇을 만들어서 판다는 경험에 많은 걸 느끼는 시간이었습니다.

우리들이 만든 아이디어로 벼룩시장을 하니 창업을 한 느낌이 들었습니다. 재미있었어요!

🔷 마무리 활동

1. 마켓 활동

성찰과 피드백을 통해 마켓 활동이 주는 유익에 대해 평가 및 정리한다.

우리 사회는 지역사회 곳곳마다 프리마켓이 활성화되어 있다. 'Free Bazar'
라고 하여 안 쓰는 물건을 교환하거나 판매하는 자유 시장으로 직접 재배한
농산물이라든지, 직접 만든 비누, 직접 손으로 만든 수공예품 등 제작 판매하
는 사람의 개성을 듬뿍 담은 다양한 물건을 판매한다. 이는 각 지역사회의 관
광 및 문화의 중심 역할을 하고 있으며, 청년 창업자들에게 자립할 수 있는
기회를 마련해 주는 통로가 되어 준다.

이러한 마켓 활동은 청소년들이 기업가 정신 문화를 자연스럽게 접할 수
있도록 하고 도전정신과 창의성을 키우는 실제 활동이다. 소비자의 필요와
요구를 분석하고 그에 맞는 판매 물건들을 선택·준비·판매하는 일련의 과
정은 하나의 기업을 세워 경영하는 일련의 과정을 모두 경험할 수 있는 기회
이다. 이는 창업 의지에 큰 영향을 미치며, 실제 스타트업으로 발전하는 발판
을 마련하는 계기가 될 수 있다.

이러한 활동을 통해 무엇보다도 중요한 것은 성공 요인뿐 아니라 실패 요
인을 철저히 분석하고 성찰함으로써 문제를 해결해 나가며 새로운 기회를 찾
고 한 단계 발전적인 방향을 모색하는 것이다. 이를 통해 개인적인 발전뿐 아
니라 공동체 및 사회의 발전에도 이바지하게 된다.

2. 과제 활동: 소셜 미션

실천해 볼 만한 소셜 미션에는 어떠한 것들이 있는지 생각해 본다.

소셜 미션이란 사회적 사명으로 '우리는 왜 이 일을 해야 하는가?' '우리가 어떤 문제를 해결하려 하는가?' '어떤 가치를 창출하려 하는가?'라는 질문에 대한 답으로서, 요즘 활발하게 육성 중인 사회적 기업의 존재 이유이며 사회적 기업을 한마디로 설명하는 문구가 되기도 한다.

청소년의 경우 그들이 겪고 있는 교육, 정서, 왕따, 진로 등의 사회적 문제를 기업가적인 마인드를 가지고 사회적 기업을 주체적으로 이끌어 문제를 해결하고 가치를 창출해 나가는 것이다.

예를 들어, 2016년에 소셜 미션이 같거나 비슷한 창업팀과 사회적 기업이 한자리에 모여 서로의 경험과 고심을 공유하는 자리인 소셜 스페이스 청소년 편에 참가한 10팀을 보면 다음과 같다.

	팀명	팀 소개
1	NULL-TEA	위기 청소년과 함께 하는 게임 제작
2	링컵 에듀	마을과 학교를 잇는 교육
3	포토 브릿지	사진을 통해 청소년 대안 활동
4	파란 나침반	청소년 사회경제/진로 프로그램 운영
5	끌과 망치 이야기	아동 및 청소년, 가족이 함께 하는 목공방 프로그램
6	Acomet	위기 청소년들의 목소리를 전달
7	두빛나래협동조합	학교 밖 청소년들의 경제적 자립을 통한 범죄 예방
8	㈜ 플라이 투게더	공정여행, 책임여행을 실천하는 청소년 소그룹 배낭여행사
9	사인하우스협동조합	가출 청소년 성매매 업소 유입 및 탈선 방지를 위한 협동조합
10	사람에게 배우는 학교	청소년 꿈, 청소년 연설 관련 프로그램

"예쁘고 멋진 새 제품을 자선 목적으로 살 수는 없을까? 더구나 아이가 쓰는 물건이라면."이라는 이유로 세실리아 크로슬리(Cecillia Crossley)는 영국의 유기농 아동복 브랜드 '프롬 베이비스 위드 러브'를 창업하였다. 그녀는 기업의 사회적인 가치(social mission)가 고객의 감정을 자극해 제품 판매로 이어진다고 언급하며 '소셜 미션에 집중하는 것이 더 많은 사업 기회를 가져올 수 있다'고 강조하였다.

무엇보다 사회문제를 뚜렷하게 인식하고 해결하고자 하는 의지를 가지고 광범위하고 모호한 미션이 아니라 집중할 분야를 명확하게 규정하여 전문적인 분야를 좁혀야 한다. 사회 공익을 위해 활동하는 기업이므로 사회적 가치를 실현하기도 하지만 '기업'인 만큼 지속적인 수익성을 창출할 수 있는 구조를 갖추어야 한다.

📖 추천 도서

1. 이상한 나라의 경제학(이원재 저, 어크로스, 2012)

국가 대표 기업이 성공하면 모두 풍요로워질 것이라고 믿고 협력과 공생이 좋은 것이라고 말하지만 경제에서만큼은 경쟁과 탐욕이 절대 선이라고 굳게 믿고 있는 나라, 바로 우리가 살고 있는 이 나라가 이상한 나라이다. 경제는 성장했다고 하는데 왜 삶은 더 팍팍해지고 어려워질까? 이 이상한 나라에서 탈출할 해법을 찾고 있다. 협동조합, 사회적 기업 등 경제 위기 이후 떠오르고 있는 새로운 경제 문법의 출현도 모두 이 이상한 나라의 경제에서 탈출하기 위한 새로운 경제의 패러다임으로 예고하고 있다.

2. 정태인의 협동의 경제학(정태인, 이수연 공저, 레디앙, 2013)

저자는 인간은 이기적이고 시장은 효율적이며 모든 경제 문제는 시장의 보이지 않는 손을 통해 해결해 줄 것이라고 하는 기존의 경제학은 죽었다고 선언하고 있다. 경쟁과 효율의 경제학이 아니라 인간의 상호성과 연대, 사회적 정의를 중요하게 바라보는 협동의 경제학이어야 하며 또 시급한 과제라고 강조하고 있다.

인간은 이기적이지 않고 시장은 완전하지 않다는 전제하에 공유 자원의 딜레마를 해결하고 사회적 자본을 쌓는 방법으로 협동조합을 소개한다. 그리고 공공성은 시장 실패를 메우는 것이 아니라 사회적 합의에 의해 구성원 스스로가 구성해 나가는 것으로, 국제적 차원의 신뢰와 협동 없이는 지금 우리가 맞고 있는 경제 생태 위기를 극복할 수 없다고 주장한다.

🎬 추천 영화

1. 파고르 사람들, 브란트 사람들(위그 페이레 감독, 2007)

2005년 6월 몬드라곤 협동조합의 국제화 정책에 따라 스페인의 가전 부문 협동조합인 파고르는 프랑스의 가전업체인 브란트를 인수 합병한다. 이 과정에서 파고르는 프랑스 지역 노동자들에 대한 구조 조정 계획을 세운다. 협동조합원이 되지 못한 프랑스(브란트) 노동자들은 인수 합병을 반대하며 투쟁을 시작한다.

이 영화가 만들어진 것은 2007년이다. 그 이후로 6년이 지난 2013년에 파고르는 결국 파산하였다. 파고르가 몬드라곤 협동조합의 국제화 정책에 따라 브란트를 인수한 것이 파고르의 파산에 어떤 영향을 미쳤을까? 몬드라곤의 국제화 정책과 파고르의 파산을 통해 협동조합의 가치와 운영의 방향을 재조명할 수 있는 작품이다.

2. 뷰티풀 마인드(론 하워드 감독, 2001)

내쉬의 '균형이론'이 탄생한 이야기는 영화 〈뷰티풀 마인드〉에 나온다. 이 영화에서 친구들과 금발의 미녀에게 대시하려고 하는 장면에서 존 내쉬는 균형이론의 발상이 떠올랐다. 친구들 모두가 금발 미녀에게 대시한다면 그녀는 친구들을 가까이 하지 않을 것이며, 그래서 그녀 대신 그녀의 친구들에게 가면 그 친구들도 모두 거절할 것이라는 것이다. 꿩 대신 닭은 싫기 때문이다. 그러므로 누구도 그녀에게 대시하지 않는다면 친구들도, 그녀의 친구들도 모두 상처받지 않고 싸우지도 않게 된다고 하면서, 그것이 우리 모두가 이기는 방법이고 우리가 할 수 있는 최선의 방법이라고 주장하였다. 또한 그는 당대 최고의 경제학자인 애덤 스미스가 최고의 성과는 한 그룹의 개개인이 최선을 다하고 최고로 잘할 때 이루어지는 것이라고 한 주장은 틀린 이론이라고 말한다. 왜냐하면 최고의 성과는 개인뿐 아니라 그 그룹 내 사람들 모두 잘해야만 이룰 수 있기 때문이라고 말하고 있다.

★ ★ ★ ★ ★
참고자료

강민수, 박범용(2015). 협동조합으로 기업하라 실전편: 쉽고 빠른 비즈니스 모델 설계와 검증 매뉴얼. 서울: 북돋움.

김현대, 하종란, 차형석(2015). 협동 조합, 참 좋다. 서울: 푸른지식.

이원재(2012). 이상한 나라의 경제학. 서울: 어크로스.

정태인, 이수연(2013). 정태인의 협동의 경제학. 서울: 레디앙.

Zamagni, S., & Zamagni, V. (2015). 협동조합으로 기업하라(개정판)(송성호 역, 김현대 감수). 서울: 한국협동조합연구소/북돋움.

〈뷰티풀 마인드〉(론 하워드 감독, 2001)
〈위 캔 두 댓!〉(지울리오 만프레도니아 감독, 2008)
〈파고르 사람들, 브란트 사람들〉(위그 페이레 감독, 2007)

EBS 〈지식채널 e-'내쉬의 균형'〉 http://youtu.be/BcRu1V5-o2c
로치데일 개척자 이야기 http://youtu.be/_3dP4ru1q_4
모두를 위한 극장 공정영화협동조합 작품 정보 http://popupcinema.kr
세바시 194회 〈성공하는 상상 실패하는 상상〉 http://youtu.be/GcU7LGqEyiU
영화 〈뷰티풀 마인드〉 http://youtu.be/RyztQpfG82A
이상한 나라의 경제학 / YES24 도서 책 소개 참고
정태인의 협동의 경제학 / YES24 도서 책 소개 참고

활동지 9-1

☆ 세계적인 협동조합 기업 5개 조사하기

기업명	협동조합 형태	국가	기업 소개

활동지 9-2

☆ 비즈니스 콘셉트

기업명:

※비즈니스 스토리

※비즈니스 모델 콘셉트

필요와 목적	공동 사업 방식	핵심 조합원
어떻게 (수익구조, 채널, 관계자원)	무엇을 (우리의 해결책)	누구에게 (목표고객, 고객문제, 기존 해결책)

손익 추정	시장규모
조합원 기여	조합원 편익

브랜드 블랜딩~!

주제

벤처스타의 이미지 관리

주요 내용

자신의 브랜드 만들어 보기

교육 목표

자신만의 브랜드 이미지를 만드는 과정을 통해 자기 자신에 대한 성찰과 브랜드 이미
지를 표현하는 창조성을 발휘한다.

수업의 기대 효과

다른 사람과 차별된 자신만의 전략과 자신의 존재를 인식할 수 있다.

준비물

동영상 자료, 필기도구

도입 활동

1. 잘나가는 브랜드

대중에게 인식되는 브랜드 이미지를 떠올려 본다.

모둠활동 1

1. 요즘 '대세'라고 하는 브랜드는 무엇인가? 브레인스토밍하기!

2. 베스트 5 선정하기

3. 선정한 이유는?

4. 발표하기

> **Tip** 청소년들이 착용하고 있는 옷이나 신발, 가방의 브랜드는 무엇인지, 선호하는 브랜드가 무엇인지 물어보면서 활동을 시작하면 접근성이 용이하다.

전개 활동

◇◇

모둠활동 2

☆ 연예인을 보고 생각나는 키워드를 적어 본다.
　예: 유재석, 이광수, 송중기, 차태현, 백종원, 이효리, 김태희, 티파니 등

---

1. 퍼스널 브랜딩

퍼스널 브랜드 개념을 이해한다.

　퍼스널 브랜딩은 브랜드의 개념을 '개인'에게 적용한 것이다. 특정 개인을 대할 때 그 사람에게 느껴지는 특정 가치와 이미지라고 할 수 있다. 단순히 이름만을 관리하는 것이 아니라 가치를 관리하는 것이다. 사람들에게 어떤 이미지로 그들의 머릿속에 자리 잡고 떠오르게 만들 것인지 그리고 그들의 마음을 어떻게 움직일 것인지를 말한다. 이런 퍼스널 브랜드를 만들어 가는 과정을 '퍼스널 브랜딩'이라고 말하며, 이는 개인의 자기 계발과 일반적인 상품의 브랜드 전략을 섞은 개념이다. 자신의 존재를 브랜드화해서 자신의 가치를 어필하는 것이다. 자신의 현 상황과 특징, 성향 등을 잘 살펴보고 자신에게 적합한 형태로 자신의 퍼스널 브랜드를 키워 가는 전략이 필요하다. 다양성을 추구하는 사회에서 차별화된 개인의 역량과 가치에 따라 역할을 수행하고 그에 맞는 신뢰와 인지를 심어 주어야 한다. 다른 사람들과 구별된 나를 나타

내고 알리고 표현해야 한다. 시대 흐름에 맞는 이성적인 요소와 다양한 감성적인 요소가 잘 결합되고 융합되어서 나만의 가치를 만들어 나가는 것이다.

"퍼스널 브랜딩은 나의 존재 이유를 강화해 기억할 가치가 있는 브랜드로 만들어 세상에 긍정적인 영향을 끼치려는 사람들을 위한 것이다."

−댄 쇼벨(Schawbel, 2011).

2. 거울 보기

퍼스널 브랜딩을 위해 자신에 대한 이해가 먼저임을 인식한다.

모둠활동 3

1. 좋아하는 사람 3명만 말해 보자!

2. 좋아하는 사람의 특징은 무엇이며, 좋아하는 이유는 무엇인가?

3. 싫어하는 사람 3명만 말해 보자!

   Tip 실명을 표기하지 않고 가명으로 표기하면 좋다.

4. 싫어하는 사람의 특징은 무엇이며, 싫어하는 이유는 무엇인가?

먼저, 퍼스널 브랜딩을 위해 가장 우선해야 할 것은 자신에 대한 깊은 이해이다. 게슈탈트 심리학에서 '투사'라고 해서 '자신을 바라보는 자신의 생각과 상대의 생각을 동일시하는 심리'가 있다. 자신이 자신을 보는 모습 그대로 상대방이 자신을 본다고 느끼는 것이다. 만약 자신을 아주 낮게 보고 있으면 다른 사람들도 자신을 낮게 본다고 생각한다. 스스로 자신을 무시하듯 상대도 당신을 무시한다고 느끼는 것이다. 반대로 내가 인정받고 싶은 부분이 있는데 다른 사람들이 그것을 인정해 주면 몹시 만족해한다. 스스로에게 주고 싶은 만족을 타인으로 하여금 받게 됨으로 인해 자신과 타인을 동일시하는 것이다.

개인의 성향인 태도나 특성에 대해 다른 사람에게 무의식적으로 그 원인을 돌리는 심리적 현상을 투사라고 한다. 부정적인 방어 기제로 투사가 작용할 수도 있으므로 잘 분별할 필요가 있다. 다른 사람을 바라보며 느끼는 감정을 잘 구분해서 타인을 통해 자신의 성향 안에 자기 자신이 좋아하는 점과 자기 자신이 싫어하는 점을 찾아볼 필요가 있다. 이는 다른 사람을 통해 자신을 바라보는 것이다. 그 가운데 자기 자신의 어떠한 면이 좋은지, 다른 사람들은 자기 자신의 어떠한 면을 좋아할지 생각해 보는 시간을 가져 보자.

3. 차이 만들기

꾸준함이 차이를 만든다는 것을 안다.

남과 다른 나만의 독보적이고 독창적인 특징이 있어야 한다. 남과 다른 차이를 크게 말로 표현하기 힘들 수도 있지만 내 자신은 남과 분명 다르다. 하지만 그 독특성과 차이를 크게 부각시킨다는 것이 쉽지 않을 수 있다. 그 독특성과 차이가 일회적이거나 순간적인 것이라면 더더욱 나타내기가 쉽지 않다. 차별성을 갖기 위해서 아주 작은 차이, 아니 특별하지 않은 평범한 것이라도 작고 사소한 일을 꾸준하고 성실하게 오래 실천해 나간다면 다른 사람들로부터 신뢰를 받을 수 있다. 작은 경험을 반복적으로 꾸준히 쌓는다면 오랜 시간이 흘러 그것이 자신의 가치로서 다른 사람들로부터 신뢰를 받기에 충분하며, 그로 인해 자신의 특징으로 결정될 수 있다.

예를 들어, 학교나 직장에서 10분 일찍 나와 주변정리를 하고 청소하는 일을 매일 반복적으로 실행해 나간다면 그것이 다른 사람들과의 차별성을 지니게 되는 일이 될 수 있을 것이며, 그로 인해 다른 사람들이 자신의 가치를 신뢰하도록 만들 수 있을 것이다.

일반적이고 일상적인 일이 꾸준히 오랜 시간 경험으로 쌓여 간다면 특별한 차이를 만들어 자신을 가치 있게 만들어 줄 것이며, 타인들로부터 신뢰를 쌓을 수 있는 나만의 차별화된 특징이 될 수 있다.

4. 이미지 만들기

이미지에는 외면적 이미지와 내면적 이미지가 있다. 외면적 이미지가 어떻게 작용하는지 생각해 보자.

* 다음의 참고자료를 읽고 외모가 자신과 타인에게 미치는 영향에 대하여 생각해 보고 토론해 보자.

〈질문〉

* A라는 사람이 말을 걸었을 때 어떻게 반응하겠는가?

* B라는 사람이 말을 걸었을 때 어떻게 반응하겠는가?
간략하게 반응을 적어 보세요!

후광효과란 일반적으로 어떤 사물이나 사람에 대해 평가를 할 때 그 일부의 긍정적 · 부정적 특성에 주목해 전체적인 평가에 영향을 주어 대상에 대한 비객관적인 판단을 하게 되는 인간의 심리적 특성을 말한다. 후광효과는 'halo effect'라고도 불리며, 이는 일종의 사회적 지각의 오류라고 할 수 있는 현상이다.

출처: 위키백과 사전 〈후광효과〉 https://ko.wikipedia.org/wiki/%ED%9B%84%EA%B4%91 _%ED%9A%A8%EA%B3%BC

5. 이미지 표현하기

내적 가치를 자신만의 방식으로 표현할 수 있다.

이 그림처럼 우리가 무엇인가를 선택할 때 긍정적으로 반응하게 되는 단서는 무엇인가? 외모, 태도, 표정, 언어 등이 있다.

우리가 다른 사람에게 보여 줄 수 있는 자신에 대한 단서는 무엇인가? 앞으로 가지게 될 자신의 '명함'은 자신을 표현하는 단서가 된다. 누군가를 만났을 때 쉽고 빠르게 자신의 이미지와 능력을 표현할 수 있는 것이 '명함'이다.

이제 미래에 우리가 가지게 될 '명함'을 한번 만들어 보고자 한다.

명함의 유래는 2세기경 중국에서 처음 시작된 것으로 추정된다. 처음 만난 상대 앞에 작은 돌멩이를 놓고 멀리 떨어져 그것을 지켜보며 자신에게 적대적인지를 판단하는 일종의 커뮤니케이션 도구로 사용됐다. 이후 방문한 집의 주인이 부재 시 대나무와 같은 작은 나무판에 이름을 적어 둠으로써 자신의 방문을 남겨 놓았고, 집주인은 이를 보고 방문했던 사람을 찾아가 인사하는 방식으로 사용되었다.

지금과 유사한 명함은 루이 14세 때부터 당시 사교계 부인들이 트럼프 카드에 자신의 이름을 써서 왕에게 알리게 됐고, 루이 15세 때에 동판으로 된 명함을 사교에 사용했으며, 19세기에 이르러 중산층으로 확대 사용됐다.

출처: 싱글몰트 위스키 맥캘란 블로그(http://blog.naver.com/themacallan).

모둠활동 4

1. 자신만의 '명함 만들기'를 한다.

2. 각자 만든 '명함'을 다른 사람에게 전달해 본다. 명함을 주고받을 때도 올바른 에티켓이 있다.

* 소셜미디어 전략연구소에서 발표한 비즈니스 명함 예절의 10계명은 다음과 같다.

1) 명함은 아랫사람이 먼저 건네는 것이 기본예절이다.

2) 명함을 건네기 전 "명함 하나 드려도 될까요?"라고 묻는다.

3) 명함은 서 있는 상태로 오른손으로 건네며, 왼손으로 살짝 받쳐 준다.

4) 명함을 건넬 때는 가슴 정도의 높이를 유지하고, 자신의 성명이 상대방 쪽에서 보아 바르게 보이게끔 한다.

5) 명함을 건넬 때는 "처음 뵙겠습니다. ○○기획, 대표 홍길동입니다."라고 간단한 자기 소개를 함께 한다.

6) 명함 교환 후 상대방에게 가벼운 악수를 청한다. (윗사람→아랫사람에게, 여성→남성에게 청하는 것이 예의이다.)

7) 명함 교환 후 상대방의 얼굴을 기억한다.

8) 명함을 주고받은 후 미팅 시작 시, 자신의 왼편에 명함을 놓는다(2명 이상일 경우, 혼동하지 않게 상대방이 앉은 위치대로 가지런히 정리한다).

9) 상대방이 있는 앞에서 상대의 명함에 메모를 하지 않는다.

10) 명함이 없는 경우 예의를 갖춘 뒤, 깨끗한 메모지에 자신의 이름, 연락처, 회사명을 적어서 건넨다.

* 명함 교환 시 주의사항

1) 명함을 주고받을 때, 이름을 확실하게 듣지 못했거나 혹은 잘 모르는 한자로 되어 있을 경우 "실례합니다만, 이 한자는 어떻게 읽습니까?"라고 그 자리에서 확인해도 상관없다.

2) 여러 사람과 동시에 명함을 교환할 때는 상대의 명함을 겹쳐서 받아도 무방하다.

3) 가급적 명함케이스를 소지하며, 부득이하게 주머니에 소지하고 있을 경우 바지 주머니보다는 상의 안쪽 주머니에 넣는 것이 좋다.

4) 명함은 나이가 어리거나, 직급이 낮은 사람이 먼저 건네는 것이 예절이 지만, 나이나 직급이 비슷하거나 애매한 경우 방문자가 먼저 건넨다.

5) 클라이언트 또는 윗사람이 먼저 명함을 내밀었을 경우 "감사합니다."라 고 말하며 공손히 명함을 받고 "제 소개가 늦어져서 죄송합니다."라고 말하며 명함을 건넨다.

6) 받은 명함을 깜박하고 놓고 오는 것은 큰 실례이며, 가급적 돌아가서 가 져오는 것이 좋다. 만약 너무 늦게 그 사실을 깨달았다면, 다음 방문에 진심으로 사과를 하고 "명함을 다시 주시면 안 되겠습니까?" 하고 부탁 한다.

출처: 싱글몰트 위스키 맥캘란 블로그(http://blog.naver.com/themacallan).

 마무리 활동

1. 블링블링 나만의 브랜드

자신만의 브랜드 이미지를 만들기 위하여 자신을 표현해 본다.

자신만의 브랜드를 만들기 위한 다음의 질문에 답을 해 보자.

* 자신에게 던져 보는 질문
1) 나를 특별하게 하는 것은 무엇인가?
2) 내 주변 사람들이 나를 특별하게 생각하는 부분은 무엇인가?
3) 특정 기술이나 재능으로 칭찬을 받은 적이 있는가?

4) 내가 잘할 수 있거나 열정을 가지는 것은 무엇인가?

5) 내 인생에서 가장 자랑스럽게 여기는 업적은 무엇인가?

모둠활동 5

1. 성격, 외모, 목소리, 정서, 경험 등을 한 단어로 표현해 보자.

　예: 성격 – 까칠하다

　　　외모 – 귀엽다

　　　목소리 – 허스키

　　　정서 – 조급하다

　　　경험 – 글짓기상 다수 수상

2. 앞의 단어들을 긍정적인 면으로 변환시켜 본다.

　예: 까칠함 – 남들이 볼 수 없는 예리함

　　　귀여움 – 남에게 호감을 준다

　　　허스키 – 반전 매력

　　　조급함 – 일의 추진력

　　　글짓기를 잘함 – 표현력이 풍부함

---

2. 과제 활동

자신을 표현할 수 있는 한 문장의 글을 만들어 본다.

　앞의 모둠활동의 단어들을 조합하여 자신을 잘 나타내는 한 문장의 글을 만들어 보자. 자신만의 독특한 가치를 나타낼 수 있는 단어로 구성하여 자신의 브랜드 이미지로 만들어 본다. 인생의 목적이 드러날 수도 있고, 재능, 특징, 성격, 경험, 관심 등등이 드러나야 한다.

📖 추천 도서

1. 퍼스널 브랜딩(Hideyuki Yamamoto 저, 김영주 역, 이노다임북스, 2016)

퍼스널 브랜딩이란 그 사람만이 가진 힘을 길러 그것을 발휘하고 결과적으로는 주변에서 높은 평가를 받는 것이라고 이 책에서는 말하고 있다. 비즈니스에서는 인선이 중요한데, 인터넷 시대인 오늘날 그 분야에 필요한 사람을 선정하는 일에 '검색'이라는 공정이 생겼다. 상품 구입을 검토할 때에 인터넷을 검색하는 것과 같다. 이와 같이 필요한 사람을 선정하고 정보를 얻고자 할 때 그 분야의 전문가를 검색하게 된다. 이런 시대적 흐름에 맞춰 '검색되는 사람'을 목표로 삼아 퍼스널 브랜드에 주력하라고 권하고 있다.

2. 차이의 전략(윌리엄 아루다, 커스틴 딕슨 공저, 김현정 역, 아고라, 2008)

차이를 만드는 전략에 대해 추출-표현-발산의 단계로 설명하고 있다. 자신만의 특별한 가치 약속을 찾고 자신의 브랜드를 목표 청중에게 알리며 어떤 일을 하든 퍼스널 브랜드가 드러나게 하라고 제언하고 있다. 이 책에서는 자신만의 PBS(Personal Brand Statement), 즉 퍼스널 브랜드 헌장을 만드는 것에 대해 소개하고 있다. 이 책에서 지시하는 대로 따라 자신만의 PBS를 개발해 보자. PBS는 자신만의 독특한 가치를 전달할 수 있게 해 주는 특성을 한 문장으로 정리한 것이다. PBS에 비전, 가치관, 열정, 특징, 강점, 목표 등을 담아 포괄적으로 표현하게 되면 브랜드 프로필이 된다. 이것은 자신을 알리기 위한 도구로 유용하게 사용할 수 있다.

추천 영화

1. 스파이더맨(샘 레이미 감독, 2002)

평범하고 내성적인 고등학생인 피터 파커, 그는 우연히 방사능에 감염된 거미에 물린다. 그 후 피터는 손에서 거미줄이 나오고 벽을 기어오를 수 있는 거미와 같은 능력을 가지게 된다. 자신에게 닥칠 위험을 감지할 수 있는 본능적인 감각과 엄청난 파워를 소유하게 된 것이다.

처음에 피터는 자신도 모르게 생긴 초능력을 돈을 버는 데 사용한다. 그러다 사랑하는 벤 아저씨의 죽음을 계기로 그 힘을 악의 세력에 대항하는 데 쓰기로 결심한다. 한편, 피터의 이웃집 아저씨이자 과학자인 노만 오스본은 실험 도중에 가스에 중독되어 초강력 파워를 가진 악당 그린 고블린으로 변해 지상의 질서를 어지럽히며 스파이더맨과 운명적 맞대응을 시작한다(맥스무비 참조).

스파이더맨이 가진 남과 차별화된 특성을 어떻게 활용하였는지 생각해 보고 만약 내가 스파이더맨이라면 어떻게 활용하고 싶은지 생각해 보고 나누어 보면 좋을 듯하다.

2. 코코 샤넬(앤 폰테인 감독, 2009)

"패션은 사라져도 스타일은 남는다."

―코코 샤넬―

화려함 속에 감춰진 귀족사회의 불편한 의복에 불만을 가지고 움직임이 자유롭고 편한 기능적이고 단순하면서도 세련한 의상을 제작하게 된다. 시대를 거스르는 새로운 스타일을 넘어 스타일 라이프를 바꾼 것이다. 그것은 여성해방운동이자 혁명이었다.

★ ★ ★ ★
참고자료

Hideyuki Yamamoto(2016). 퍼스널 브랜딩(김영주 역). 서울: 이노다임북스.

Arruda, W., & Dixson, K. (2008). 차이의 전략: 명품 인재를 만드는 퍼스널 브랜딩의 모든 것(김현정 역). 서울: 아고라.
Schawbel, D. (2011). ME 2.0: 나만의 브랜드를 창조하라(윤동구, 박현준 공역). 서울: 한스미디어.

〈스파이더맨〉(샘 레이미 감독, 2002)
〈코코 샤넬〉(앤 폰테인 감독, 2009)

싱글몰트 위스키 맥캘란 블로그 https://blog.naver.com/themacallan
위키백과 사전 〈후광효과〉 https://ko.wikipedia.org/wiki/%ED%9B%84%EA%B4%9 1_%ED%9A%A8%EA%B3%BC
[이미지메이킹] 게슈탈트 심리학과 정치 http://m.blog.naver.com/kinerny/ 220713439975 (2016. 8. 17. 네이버 검색자료)
퍼스널 브랜딩이란 무엇일까요? http://m.blog.naver.com/bestarbrand/ 220402830469 (2016. 8. 16. 네이버 검색자료)

활동지 10-1

☆ 대세 브랜드 브레인스토밍!

☆ 베스트 5 선정하기

1.

2.

3.

4.

5.

☆ 선정한 기준 및 이유는?

활동지 10-2

☆ 연예인을 보고 생각나는 키워드 적기!

연예인 이름	키워드

활동지 10-3

☆ 좋아하는 사람의 특징은 무엇이며, 좋아하는 이유는 무엇인가?

이름	특징	이유
A		
B		
C		

☆ 싫어하는 사람의 특징은 무엇이며, 싫어하는 이유는 무엇인가?

이름	특징	이유
A		
B		
C		

활동지 10-4

☆ 후광효과에 대하여 토론해 보자.

활동지 10-5

☆ 자신을 표현하기!

	솔직히 표현해 보기	긍정적인 표현으로 바꾸기
성격		
외모		
목소리		
정서		
재능		
경험		
관심		

활동지 10-6

☆ 자신의 이미지를 한 문장으로 표현하기!

팔로우? 팔로워!

주제

벤처스타의 리더십

주요 내용

좋은 팔로우

교육 목표

리더로서의 청소년 기업가의 소양을 알아본다. 좋은 리더는 좋은 팔로워가 되어 팔로워의 입장을 보다 잘 이해할 수 있도록 한다.

수업의 기대 효과

자신이 먼저 훌륭한 팔로워(따르는 사람)가 되는 것이다. 훌륭한 팔로워가 리더가 되었을 때 팔로워의 마음을 잘 이해해 주고 사람의 마음을 얻는 따뜻한 리더가 될 수 있다. 또한 진정한 리더는 사람을 중요시하며 먼저 섬기는 자임을 알고, 청소년 기업가 정신을 갖춘 리더로서 섬김의 모습을 갖출 수 있다.

도입 활동

◇◇

1. 당신의 SNS 팔로워 수는?

다른 사람들에게 먼저 관심을 보이며 관계를 맺는다.

모둠활동 1

1. 자신의 SNS 계정에서 팔로잉 수와 팔로워 수를 체크해 보자.

2. 팔로우 수를 늘리기 위한 방법을 생각해 보자.

> **Tip** 모둠 안에서 팔로우를 늘리는 노하우가 있다면 서로 나누어 보고 발표해 보자.

요즘은 SNS, 즉 소셜 네트워크를 많이 사용한다. 페이스북, 트위터, 인스타그램 등 소셜 네트워크에 사진이나 글을 올렸는데 반응이 없으면 재미가 없다. '좋아요'가 많아지고 팔로잉만 했던 사람들이 '맞팔'을 하기 시작하면 재미있고 신난다. 그래서 팔로워를 늘려 주고 관리해 주는 유료사이트도 생겼다고 한다.

팔로워 수를 늘리기 위한 방법으로 내가 먼저 팔로잉을 해 주는 것이다. 그것을 요즘 말로 '선팔'이라고 한다. '선팔'을 하면 '맞팔', 즉 서로 팔로우 신청을 하게 되는 것이다. 내가 먼저 팔로잉 해 주고 먼저 그들의 글과 사진에 공감하고 반응을 보여 주면 상대방도 나에 대해 관심을 보여 준다. 그들의 글과 사진에 '좋아요'를 눌러 주고 댓글 활동을 꾸준히 해 주며 관심을 보여 주는 것이 중요하다. 그렇게 하다 보면 다양한 관계망이 구축되어 나중에는 폭발적인 영향력을 가지게 될 수도 있다.

★ 전개 활동

1. 관찰의 중요성

한국 양궁이 최정상에 올라 오래도록 유지하는 데 큰 역할을 한 인물로 서거원 전 양궁 국가대표 감독을 꼽을 수 있다. 그의 저서 『따뜻한 독종』에서 언급된 많은 이야기 중에 특별히 주목할 내용은 관찰의 중요성에 대한 것이다. 리더는 관찰을 통해 팔로워의 마음을 겨누어야 한다고 말하고 있다.

그는 침묵을 가장한 관찰을 통해 정확하게 선수들을 파악한다. 관찰한 것들을 기록하고 정보들을 축적한다. 선수들은 "저 감독님, 족집게 같다."라고들 입을 모은다고 한다. 사실은 선수들이 먼저 감독인 자신에게 답을 보여 주고 감독인 자신은 다만 그 선수들에게 맞는 정확한 방법을 콕 찍어 제시해 주기만 하는 것이라고 말하고 있다. 관심과 애착이 많을수록 더 세심하게 관찰하게 된다. 관찰과 기록은 피드백의 핵심 요소이다. 상대방의 행동을 세심하게 관찰하고 기록하는 것에서부터 피드백은 시작된다. 그런 세심한 관찰과 기록을 바탕으로 한 정확한 피드백은 피드백을 받는 사람들에게 신뢰를 얻는 이유가 된다.

앨버트 반두라(Albert Bandura)의 유명한 보보 인형 실험이 있다. 보보 인형은 넘어뜨려도 다시 일어나는 큰 오뚝이 인형이다. 그 보보 인형을 어른이 아이들이 보는 앞에서 마구 때리고 소리치면 아이들도 그 어른의 행동을 그대로 따라 하게 된다. 인간에게는 모방하는 능력이 있는데, 이를 '모델링'이라고 한다.

반두라의 관찰학습은 다른 사람의 행동과 그 결과의 관찰로 학습이 이루어진다고 보는 이론이다. 이 이론은 스키너(Skinner)의 조작적 조건화 이론(operant conditioning)에 그 뿌리를 두고 있는데, 개개인에게 개별적으로 어떤 행동을 수정하는 것이 아니라 모범행동을 보상하는 방법으로 더 많은 유기체가 그런 바람직한 행동을 학습하게 할 수 있다는 이론이다.

2. 누구를 따를 것인가?

먼저 남을 따르는 것을 통해 지혜를 얻는다.

모둠활동 2

1. 내 주변에 존경할 만한 리더가 있는지 살펴보자.

2. 그 이유와 장점에 대해 이야기 나누어 보자.

> **Tip** 모둠 안에서 각 구성원에게서 배울 점은 무엇인지를 이야기 나누어 보아도 좋다.

'모델링'과는 다르게 상호작용이 있는 '멘토링'이 있다. '멘토링'은 경험과 지식이 풍부한 사람인 멘티(mentee)에게 지도와 조언을 받으며 실력과 잠재력을 개발하는 것이다. '멘토'라는 단어는 그리스 신화에 나오는 오디세우스

가 트로이 전쟁에 출정하면서 집안일과 아들 교육을 그의 친구인 '멘트로'에게 맡기면서 유래되었다. 이 단어는 '현명하고 성실한 조언자'의 뜻으로 사용된다. 반대로 조언을 받는 사람은 '멘티'라고 한다. 멘토와 멘티의 관계는 사회생활에서 자연스럽게 형성되기도 하고, 인위적으로 만들어지기도 한다. 이전에는 멘토와 멘티가 수직적인 관계였다면, 요즘은 서로가 동반자·동역자로 함께하는 수평적인 개념으로 변화되었다.

　우리는 따르는 사람이 될 수도 있고, 다른 사람이 따르고 싶어 하는 사람이 될 수도 있다. 사람은 다양한 공동체에 속해 있고, 다양한 관계를 맺고 있으며, 각각의 공동체에서의 위치는 다 다를 것이다. 모든 공동체에서 다른 사람이 따르고 싶어 하는 사람이 되고 싶기는 하겠지만, 다른 사람을 따르는 사람이라고 해서 꿈을 이루지 못하고 성공하지 못한 사람이라고 할 수는 없다. 각자의 꿈의 크기와 모양은 각양각색이기 마련이고, 각 공동체에서 각 개인의 위치는 모두 중요하고 필요하기 때문이다. 앞서가는 것도 좋지만 앞서가는 사람을 잘 따라가는 것도 중요하다. 그 사람을 통해 지혜를 얻을 수 있다. 훌륭한 멘티는 훌륭한 멘토가 될 수 있다. 훌륭한 리더는 먼저 잘 따르는 사람이 되는 것이다.

3. 섬김의 리더십

훌륭한 팔로잉(섬김이)은 곧 훌륭한 팔로워(리더)가 됨을 말하는 것임을 안다.

모둠활동 3

동영상: '아름다운 세상을 위하여'(http://youtu.be/_QwnzSzUcw)

1. 영화 〈아름다운 세상을 위하여〉를 보고 세상을 바꿀 수 있는 방법과 실천은 무엇이었는지 이야기 나누어 보자.

2. 영화를 보고 느낀 점을 이야기 나누어 보자.

3. 그 밖에 세상을 바꿀 더 좋은 방법은 무엇이 있을지에 대해 브레인스토밍 활동을 해 보자.

Tip 유튜브에서 '아름다운 세상을 위하여'를 검색하면 다양한 길이의 영상을 볼 수 있다.

영화 〈아름다운 세상을 위하여〉에서는 이제 갓 중학교에 입학한 주인공 트레버가 사회 선생님의 과제를 받게 된다. '세상을 바꿀 수 있는 방법을 생각해 보고 실천할 것'이라는 숙제에 대해 곰곰이 생각한 후 '도움 주기(pay it forward)'를 실천한다. 트레버의 '도움 주기' 실천이란 진심 어린 마음을 가지고 세 사람에게 도움을 주는 것이다. 도움 받은 세 사람은 각각 또 다른 세 사람에게 도움을 주어야 한다. 도움을 주었던 사람에게 보답하는 것으로 끝나버리면 '도움 주기'는 확산되지 않는다. 도움 주기가 확산되지 않으면 아름다운 세상은 만들어지지 않는다. 그러므로 도움을 받았던 고마운 마음을 다른 사람에게도 나누는 것이다. 이런 방식으로 도움 주기가 확산되면 세상이 변할 것이라고 트레버는 생각했다.

주인공 트레버의 발표를 듣고 좋은 생각이라고 공감하는 친구부터 멍청한 소리라고 하는 친구까지 학급 친구들의 반응은 다양했다. 세상을 바꾸는 방법과 실천에 대해 아이디어를 내고 먼저 선행을 하는 주인공 트레버는 다른 사람에게 도움을 주고 다른 사람을 따르고 섬기는 사람이 되자고 말하고 있다. 그런 그의 마음과 모습을 통해 다른 사람을 섬기고 따르는 사람으로만 끝나는 것이 아니라 그것이 진정한 리더의 모습이라는 것을 알 수 있다.

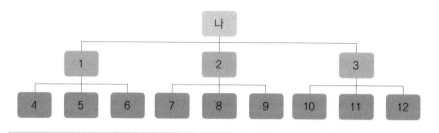

[그림 11-1] 영화 〈아름다운 세상을 위하여〉에서 트레버의 '세상을 바꿀 방법'

4. 꿈꾸는 대로 말하는 대로

진정한 리더는 꿈을 잃지 않고 꿈을 쫓는 사람임을 안다.

▶ 동영상: EBS 〈지식채널 e-꿈을 쫓아 하늘로 간 남자〉(http://youtu.be/rL_179NsSig)

EBS 〈지식채널 e-꿈을 쫓아 하늘로 간 남자〉의 주인공은 『어린 왕자』의 저자 생텍쥐페리(Saint Exupery)이다. 얼마나 하늘을 날고 싶은 생각과 마음이 가득했으면 약혼녀와 파혼을 하기도 하고 여러 직업을 전전하면서도 포기하지 않았다. 두개골이 두 번이나 파열되면서도 그 꿈을 버리지 않고 꿈대로 평생 하늘을 사랑하며 살았고, 죽음을 맞이하지 않고 별을 찾아 하늘로 사라져 버렸다.

"난 언제나 나를 순수하게 해 주는 곳으로 가고 싶다."라는 생텍쥐페리의 순수하고 열정 어린 말 속에 꿈을 잃지 않으면 순수한 어린아이와 같이, 항상 피 끓는 젊은 청춘과 같이 살 수 있음을 말하고 있다. 『어린 왕자』에 나온 내용처럼 자신의 별을 찾을 수 있도록 빛나고 있는 별처럼, 우리 모두 내 별을 찾아보자. 내 별은 반드시 바로 우리 위에 떠서 빛나고 있다.

5. 세종의 '생생지락(生生之樂)'

> **모둠활동 4**
>
> 1. 리더가 갖추어야 할 덕목을 적어 보자.
>
> 2. 유사한 주제의 내용끼리 묶어 보자.
>
> 3. 내용을 정리하여 리더십의 정의를 내려 보자.

조선시대의 세종대왕이 특히 좋아하였다던 『서경』에 나오는 말로 '생생지락'이라는 말이 있다. 『조선왕조실록』에 많이 등장한다. '백성들이 편하게 살면서 즐겁게 일하도록 하라.'는 뜻으로 각 고을의 수령들에게 지시하셨던 말씀이다. 백성을 하늘로 여기며 백성을 위해 성심을 다하면, 백성들은 농사일에 신바람이 나고 인재들은 백성들을 위해 신바람 나게 일한다는 것이다. 생업에 즐거움을 느끼며 신바람 나게 일하는 세상이 행복한 세상이라고 말하고 있다. 백성이 없으면 나라도 없고 백성이 배고프면 나라는 가난하여 기울 수밖에 없기 때문에 먼저 백성을 잘 섬겨야 한다는 뜻이다. 또한 리더는 백성을 잘 섬기고 백성에게 감사하며 "한발 앞서 주도하고 진실되게 솔선수범하여 반드시 실행하라."라고 말하고 있다.

참된 섬김은 너무 앞서 나가는 것도 아니고 따르는 사람보다 단 한 발 앞서 이끌어 나가는 것이다. 그들이 이해할 수 있도록 먼저 솔선수범하며 역할모델로서의 역할을 신실하고 정직하게 수행하며 본보기가 되어야 한다. 다른 사람을 시키기 위한 실행이 아니고 보여 주기 위한 것이 아니라 진실된 모습으로 먼저 실천적인 모습과 태도를 갖추어야 한다는 것이다.

◈ VENTURE STAR 마무리 활동

◇◇

1. 진정한 리더

나만의 차별화된 리더십의 정의를 내려 본다.

앞선 내용들을 정리해 보면, 먼저 훌륭한 리더가 되기 위해서는 훌륭한 팔로우가 되어야 한다는 것이다. 성실하게 따르고 배울 때 훌륭한 리더의 모습을 갖추게 될 것이다. 둘째, 어떤 팔로워를 선택하느냐에 따라 무엇을 배우며 따르게 될지 결정되며 내 모습 또한 결정된다. 셋째, 다른 사람을 섬기는 사람이 진정한 리더이다. 가까운 사람의 작은 일에 최선을 다해 도와주는 일이 세상을 변화시키는 리더의 태도이다. 마지막으로 진실되게 솔선수범하는 태도를 갖추어 따르는 사람들이 자신의 일에 즐거워하도록 하는 것이다.

2. 과제 활동

섬김의 모습을 실천해 본다.

영화 〈아름다운 세상을 위하여〉에서처럼 내 주변의 세 사람에게 도움이 될 만한 일을 실천해 보자. 만약 누군가가 나에게 도움이 될 만한 일을 베풀었다면 다시 내가 다른 사람 세 사람에게 도움을 주는 것이다. 이렇게 실천한 내용에 대한 성찰일지를 기록해 보자.

📖 추천 도서

1. 마시멜로 이야기, 마시멜로 이야기 2(호아킴 데 포사다, 엘런 싱어 공저, 공경희 역, 21세기북스, 2005, 2007)

1편에 해당하는 『마시멜로 이야기』는 우리에게 잘 알려진 마시멜로 실험을 통하여 리더의 소양과 자질이 작은 인내와 기다림에 있으며, 이는 눈부신 성공을 향한 첫 걸음이라는 사실을 알 수 있다. 리더로 성공하기 위해서는 마시멜로와 같은 달콤한 유혹들을 견뎌야 한다. '성공은 고통과 시련의 대가가 아니라 즐거움과 행복의 대가'라는 것이다. 성공이 즐거움과 행복의 대가이기 위해서는 '성공을 꿈꾸기보다는 성공을 향해 깨어나라'는 교훈을 담고 있다.

『마시멜로 이야기 2』에서는 마시멜로의 교훈에 따라 대학생활을 성공적으로 끝마친 찰리가 기업에 입사하면서 각종 유혹에 빠지게 되고 목표를 잊은 채 방황하게 된다. 눈앞의 마시멜로를 먹어치우고 파산 직전까지 내몰린 찰리 앞에 현명한 조나단이 나타나 전작에서 이야기했던 '마시멜로 법칙'의 구체적인 실천 전략을 제시한다. 위기에 부딪혀 방황하는 찰리, 그에게 변화의 해법을 제공하는 조나단과 주변 인물들의 이야기를 통해 변화의 시기에 성공을 유지하는 전략들을 이야기한다. 그래서 변화 속에서 길을 잃었을 때, 애초 계획했던 일이 틀어졌을 때 목표를 재조정하는 지혜를 얻을 수 있다.

2. 넛지(리처드 탈러, 캐스 선스타인 공저, 안민환 역, 리더스 북, 2009)

넛지란 강압하지 않고 부드러운 개입으로 사람들이 더 좋은 선택을 할 수 있도록 유도하는 방법을 뜻한다. 넛지는 원래 '팔꿈치로 슬쩍 찌르다' '주위를 환기시키다'라는 뜻을 가진다. 넛지는 명령이나 지시가 아니라고 말하고 있다. 정크 푸드를 먹지 못하도록 하기 위해 신선한 과일을 눈에 잘 띄는 곳에 놓는 것이 넛지라는 것이다. 강제적으로 선택을 막거나 차단하지 않고 예상 가능한 방향으로 자연스럽게 현명한 선택을 할 수 있도록 이끄는 사람이 진정한 리더일 것이다.

추천 영화

1. 아름다운 세상을 위하여(미미 레더 감독, 2000)

주인공 트레버는 선생님의 사회 숙제인 다른 사람을 위해 세 번의 '도움 주기'를 실천한다. 자신이 한 사람에게 도움을 주면 도움을 받은 사람은 또 다른 세 명의 사람에게 도움을 주는 방식으로 점점 더 많은 도움을 주는 방식이다. 트레버는 첫 번째로 노숙자를 돕고, 두 번째로 엄마를 돕고, 마지막으로는 위기에 처한 친구를 돕는다. 하지만 안타깝게도 나쁜 아이들에게 둘러싸인 친구를 돕다가 나쁜 아이들의 칼에 찔려 죽고 만다. 주인공의 죽음이 곧 아름다운 세상을 위한 밑거름이 되는 것을 볼 수 있게 된다. 리더가 되기 위한 작은 실천과 희생은 결국 아름다운 세상을 만드는 큰 파도로 일어나는 것이다.

2. 인턴(낸시 마이어스 감독, 2015)

70대의 시니어 인턴이 상승세에 있는 온라인 패션 쇼핑몰의 CEO 밑에서 인턴으로 일하며 생긴 이야기이다.

시니어 인턴은 젊은 상사에게 최대한 예의를 갖춘다. 또한 리더의 취향에 맞추어 행동에 조심하며 상대방의 언어로 소통하려고 노력한다. 자신의 의견을 제시할 때에는 정확한 근거로 대안을 제시하며 리더를 납득시키고 자신보다는 동료를 부각시켜 준다. 어려운 문제를 스스로 나서서 해결해 주며 위험을 감수하고 때로는 무모하게 보이지만 과감하게 문제를 해결해 나간다. 허드렛일을 하더라도 최선을 다하며 한 번의 실패에 좌절하지 않는다. 때로는 자신감을 잃어 가는 리더를 곁에서 지켜보며 리더의 장점을 발견하고 부각시켜 주며 용기를 주고 가진 것을 아낌없이 베푼다.

　팔로우로서 절망하거나 리더를 판단하고 비난하여 자신을 부각시키려 하지 않고 팔로우십을 제대로 발휘함으로써 오히려 그것이 리더십이 되었다. 잠재되어 있던 리더십이 팔로우십으로 발휘되며 진정한 리더의 모습을 보여 주는 이야기이다.

★ ★ ★ ★
참고자료

박현모(2016). 세종의 적솔력: 위기를 기회로 바꾼 리더십. 서울: 흐름출판.

de Posada, J., & Singer, E. (2005). 마시멜로 이야기(공경희 역). 경기: 21세기북스.
de Posada, J., & Singer, E. (2007). 마시멜로 이야기 2(공경희 역). 경기: 21세기북스.
Thaler, R. H., & Sunstein, C. R. (2009). 넛지: 똑똑한 선택을 이끄는 힘(안진환 역). 서울: 리더스북.

〈아름다운 세상을 위하여〉(미미 레더 감독, 2000)
〈인턴〉(낸시 마이어스 감독, 2015)

EBS 〈지식채널 e '꿈을 쫓아 하늘로 간 남자'〉 http://youtu.be/rL_179NsSig
네이버 지식백과 〈한류문화〉(2018. 7. 10. 네이버 검색자료)

네이버 캐스트 〈테레사 수녀〉(2018. 7. 10. 네이버 검색자료)

영화 〈인턴〉에서 배우는 팔로워십과 리더십 http://m.blog.naver.com/andwise/
    220596325743

위키백과 〈관찰 학습〉(2018. 7. 10. 네이버 검색자료)

활동지 11-1

☆ 팔로워 수를 늘리기 위한 노하우!

활동지 11-2

☆ 존경하는 인물 적어 보기!

존경하는 인물	존경하는 이유	닮고 싶은 부분

활동지 11-3

☆ 영화 〈아름다운 세상을 위하여〉에 나오는

　'세상을 바꿀 수 있는 방법과 실천'은 무엇인가?

☆ 영화 보고 느낀 점 적기!

☆ 세상을 바꿀 수 있는 방법과 실천 적어 보기!

활동지 11-4

☆ 리더가 갖추어야 할 덕목은?

리더십이란?

벤처스타 파이널~!

주제

벤처스타 총정리

주요 내용

벤처스타를 돌아보고 실행 점검 및 변화 전략 재정비하기

교육 목표

청소년 기업가 정신의 개념을 점검하고 평가하며 비전을 확고히 한다.

수업의 기대 효과

지금까지 학습한 내용과 활동들을 반추해 보며 배웠던 내용을 전체적인 하나의 그림으로 그릴 수 있다. 이러한 활동은 기억력을 향상시키며, 청소년 기업가 정신에 대해 정리된 생각과 변화를 이끌 태도를 점검하게 한다.

평가는 자신의 발전에 있어서 필수적인 것임을 알고 학습에 대한 성취를 확인함으로써 자신을 점검하게 하고 학습 효과를 증대시키며 학습한 내용을 생활에서 실행력을 높일 수 있다.

또한 앞으로의 변화에 대해 두려워하기보다는 믿음의 눈으로 멀리 내다보며 청소년 기업가로서 위험을 무릅쓴 도전 정신으로 성장을 위한 변화 전략을 행동적 실천으로 옮긴다.

도입 활동

◇◇

1. 꿈과 비전

꿈과 비전의 차이를 알고 분명한 비전을 수립한다.

꿈과 비전은 유사 의미 단어로 흔히 사용된다. 하지만 꿈과 비전은 조금 다르다. 비전(vision)은 전망으로 바꾸어 쓸 수 있다. 꿈은 희망, 소망, 바람으로 바꾸어 쓸 수 있다. 전망은 비교적 정확한 통계와 분석을 통해 내놓는 것이며, 희망, 소망, 바람은 막연히 내면에서 일어나는 욕구이다.

그러므로 꿈은 막연히 상상하는 것이다. 마음껏 상상의 나래를 펼쳐 보는 것이다. 하지만 우리가 행복한 꿈을 꾸어도 잠에서 깰 때처럼 깨어지기 쉬운 것이 꿈이다. 비전은 막연한 상상을 구체화하는 것이다. 그 꿈을 이루기 위한 구체적인 계획을 세우고 이루어질 모습을 실제처럼 떠올리며 보는 것처럼, 이룬 것처럼 보는 것이다.

그러므로 구체적으로 상상하라. 미래는 정해져 있지 않다. 하지만 내가 오늘의 하루를 어떻게 살아가느냐에 따라 미래는 정해진다. 실제 보는 것처럼, 이룬 것처럼 보는 큰 그림 속의 하나의 점이든, 선이든 그려야 하는 오늘 하루가 있어야 한다.

이창현의 저서 『비전을 발견하고 디자인하라』에서 꿈을 꾸고 그 꿈들을 하나씩 실현해 나가는 과정을 다음과 같이 언급하고 있다. 이는 꿈을 비전으로 발전시켜 나가는 과정이라고 본다.

1단계: 다양하고 여러 꿈을 꾸는 시기

2단계: 다양한 꿈 가운데 진정으로 원하는 하나의 꿈으로 좁혀 나가는
   시기

3단계: 단 하나의 꿈을 이루기 위해 꾸준히 단련하고 연마해 나가는 시기

4단계: 잘 연마된 꿈이 실제가 되어 세상에서 펼쳐 나가는 시기

5단계: 비전을 이룬 사람이 마지막 노년을 풍유하는 시기

출처: 이창현(2017).

그리고 그것을 이룰 수 있다고, 내가 할 수 있다고 믿으라고 조언하고 있다. 자신의 비전을 글로 기록해 보는 것도 매우 유익하다. 자신의 비전을 읽으며 그것을 구체화해 나간다. 모호한 표현보다는 감정과 상황을 구체적인 표현으로 명확히 해 나간다. 그리고 매일 그것을 보고 믿고 행동으로 움직이라. 그러면 그 비전은 실제가 되어 간다.

모둠활동 1

1. 벤처스타 전체 내용에서 가장 기억에 남는 것 10가지를 적어 보자.

   Tip 기억나는 모든 키워드를 적어 본다. 마인드맵처럼 기록하도록 해도 좋다.

2. 멀티 보팅을 통해 순위를 매겨 모둠별로 벤처스타 TOP 10을 정해 보자.

3. 선정한 이유를 적어 보자.

VENTURE STAR 전개 활동

1. 평가의 유익

냉철한 평가는 자신의 발전에 유익한 것을 깨닫고 객관적인 시각에서 자신을 평가할 수 있다.

평가는 목적 달성 여부를 판단하는 것이다. 성취도를 점수화하여 서열화하는 공교육에서의 평가 때문에 그 단어에 대한 고정관념이 생겨 그 단어 자체만으로도 스트레스를 받는다. 성취한 점수에 집중되기보다는 성취하지 못한 나머지 점수에 집중된다. 점수로 매겨지지 않더라도 누군가로부터 평가를 받는다는 것이 썩 유쾌하게만 생각되지 않는다. 타인에게서 비난을 받는다고 생각되기도 하고, 나의 단점이 들추어지는 것 같은 생각도 든다. 평가는 지나친 경쟁 사회가 만든 심적 불편함과 부담감이 되었다.

하지만 교육 현장에서 볼 때 교수자 입장에서는 평가는 무엇을 어떻게 가르쳐야 할지를 판단하는 기준이 되고, 학습자에게 있어서도 무엇을 어떻게 배워야 하는지와 바람직한 목적 및 그에 따르는 효과적인 방법과 필요한 내용을 정하는 도구이자 기준이 된다.

과정을 거쳐 내려지는 평가는 그 모든 과정을 거치며 변화된 나에 대한 칭찬과 격려가 될 수 있고, 함께한 공동체에게 위로와 힘이 될 수 있다. 또한, 평가는 과정의 끝이 아니라 또 다른 시작이기도 하다. 평가가 있어야 목표의 재수정을 거쳐 최종의 목적을 향한 바람직한 방향이 설정될 것이기 때문이다.

앞서 메타인지전략에서도 언급했듯이 자신을 향한 객관적인 시선이 필요하다. 내가 무엇을 알고 무엇을 모르는지, 어느 영역에서 좀 더 노력을 기울

여야 할지, 그것을 극복하기 위해서는 어떻게 해야 할지 전략적으로 접근할
수 있다. 그래야 잘하는 것은 더욱 잘해서 빛나도록 하고 자신이 설정해 놓은
수준에 미치지 못하는 것은 목표에 도달할 수 있도록 방법을 연구하고 노력
할 수 있다.

모둠활동 2

1. 벤처스타 내용을 가지고 11개의 문제를 만들어 보자.

　　Tip 　한 단원당 하나의 문제를 만들어 본다.

2. 문제에 대한 답안도 만들어 보자.

3. 모둠 안에서 서로 다른 사람의 문제를 풀어 보자.

　　Tip 　모둠별 대항으로 문제를 내고 다른 모둠에서 맞추도록 하고 모둠별로 점수를 매
　겨 시상을 해도 좋다. 기말고사와 같은 학습 평가에 이용해도 좋다.

---

2. 변화에 대한 두려움

변화에 대해 거부하지 않고 미래에 대해 걱정하지 않는다.

　사람들은 변화를 거부한다. 익숙하고 편안한 것에 안주하고 싶어 한다. 피
아제가 언급했던 인지적 갈등에서 오는 인지적 불균형이 이를 해소하고자 하
는 노력에서 인지를 발달시키는 것처럼 새로운 지식과 상황들을 받아들여 변

화하고자 할 때에는 불균형으로 인한 내적 갈등이 일어난다.

변화를 거부하는 이유로는 불균형과 갈등으로 인한 불편함, 변화가 줄 비용적인 부담감, 실패에 대한 두려움, 예측하지 못한 상황에 대한 두려움, 익숙하고 편안한 것들을 버려야 하는 안타까움, 변화로 인해 발생할 수 있는 불일치, 이해관계 변화에 따른 관계의 충돌 가능성에 대한 막연한 불안감 등이 많은 변화를 거부하는 이유가 있다.

하지만 우리는 일어나지도 않을 일들을 걱정하고 두려워한다. 미루어 짐작해서 미리 두려움이라는 울타리로 한계를 만들어 놓는다. 내 힘으로 어쩔 수 없는 일에 에너지를 쏟을 필요도 없다. 걱정할 에너지와 시간을 지금 내가 할 수 있는 일에 힘을 쏟는 것은 어떨까?

> 걱정의 40%는 절대 현실로 일어나지 않는다.
> 걱정의 30%는 이미 일어난 일에 대한 것이다.
> 걱정의 22%는 사소한 고민이다.
> 걱정의 4%는 우리 힘으로는 어쩔 도리가 없는 일에 대한 것이다.
> 걱정의 4%는 우리가 바꿔 놓을 수 있는 일에 대한 것이다.
>
> —어니 젤린스키(Ernie Zelinski)의
> 《모르고 사는 즐거움》(1997) 중에서—

3. 변화를 성장으로

바람직한 변화는 곧 성장으로 이어짐을 알고, 나의 성장한 모습을 바라보며 나 자신에게 긍정적인 메시지를 보내 본다.

모둠활동 3

1. 롤링페이퍼 활동으로 각 모둠원의 변화에 대해 기록해 본다.

　　Tip　벤처스타 첫 시간에 비해 변화된 모습을 기록해 준다.

2. 각 모둠원의 변화된 모습에 대한 상 이름을 정하고 수상 내용을 정해 보자.

3. 모든 모둠원에게 상장을 수여한다.

 # 마무리 활동

1. 사명선언문

사명선언문을 통해 분명한 비전을 제시한다.

모둠활동 4

1. 사명선언문을 작성해 보자.

2. 작성한 사명선언문을 발표해 보자.

　　Tip　사명선언문을 다른 사람들 앞에서 낭독하도록 하게 함으로써 다른 사람들 앞에
　　　　서 사명 선언문대로 살겠다는 약속과 다짐의 시간이 된다.

사명은 비전과 또 다른 개념이다. 비전은 사명대로 살았을 때의 최종 목표에 해당하며 사명은 그 상위 개념으로 어떻게 살아가야 할 것인지를 말해 주는 윤리이자 원칙이다. 삶의 최종 방향인 '사명'을 실현하기 위해 비전과 목표가 흔들리지 않게 받쳐 주는 정신 자세인 신념을 기반으로 비전을 이루기 위한 과정이자 거쳐야 하는 크고 작은 성취인 목표를 통해 최종 목표인 비전을 이루는 것으로 이 모두의 방향이 되는 것이 사명이다.

『성공하는 사람들의 7가지 습관』의 저자 스티븐 코비(Stephen Covey)는 "자기사명서란 주위의 여건과 사람들의 감정에 좌우되기 쉬운 상황에서 인생의 중대한 결정을 내릴 때, 일상의 결정을 내릴 때 기준이 되는 개인 헌법"이라고 표현하였다. 또 어떤 이는 사명선언문을 나침판이나 내비게이션에 비유하기도 하였다. 자신이 추구하는 가장 가치 있는 것이 무엇인지를 정의 내리는 것이 사명선언문으로 사명선언문 없이 삶을 살아가는 것은 GPS를 장착하지 않고 비행하는 것과 같다고 언급하였다.

사명선언문 작성을 위한 기본 원칙은 자신의 존재, 행동의 가치, 원칙에 초점을 맞추어 표현하는 것이다. 내가 속해 있는 모든 영역을 포괄하여 어떤 성품을 가진 사람이 되기를 원하는지, 어떤 공헌과 업적을 이루고 싶은지 기술하고, 내 삶에서 맡고 있는 구체적인 역할로 세분화하여 각 역할에서 성취하고 싶은 목표로 구분하여 적어 보면 좋다. 다른 사람들과 구별된 형태나 내용으로 각자의 독특성을 반영해 보자.

📖 추천 도서

1. 포커스 씽킹(박성후 저, 경향미디어, 2010)

명확한 사명과 비전이 없는 사람들은 그들의 삶 속에서 진지한 감사함이 없다고 지적하고 있다. 사명과 비전에 합당한 책을 선택하고 전략을 세우기 위한 것이 진정한 독서라고 언급하며 자신만의 감정을 찾아내고 그것을 집중적으로 연마하는 것이 책 읽기의 목표라고 밝히고 있다.

명확한 영역에서의 구체적인 목표를 정하고 전문적이고 차별화된 지식 습득 능력을 기르고 모든 잠재력을 발휘하도록 에너지를 집중하여 투입하라고 조언하고 있다.

2. 5가지 사랑의 언어(게리 채프먼 저, 장동숙, 황을호 공역, 생명의말씀사, 2010)

사랑은 상호작용으로 관심의 표현이 서로 다르면 아무리 표현을 해도 감정이 전달되지 않는다. 사람들은 자신만의 고유한 언어 체계를 가지고 있어 사람마다 관심과 사랑을 표현하고 이해하는 언어가 다르다. 상대방에게 전달할 때에는 자신의 언어가 아니라 상대방의 언어로 표현해야 상대방은 표현하는 사람의 감정을 알 수 있다.

그런 표현 전략으로 게리 채프먼(Gary Chapman)은 다섯 가지를 말하고 있는데, 이는 바로 '스킨십' '희생과 도움' '보상 및 선물' '시간을 함께 보내는 것' '인정하는 칭찬과 긍정의 말'이다.

이러한 전략은 공동체 안의 인간관계에 있어서 적용할 뿐 아니라 자기 자신에게도 사용할 수도 있다. 서로에게 힘이 되어 함께 비전을 성취해 나갈 수

있도록 격려할 뿐 아니라 자기 자신에게 사랑의 힘을 더하며 비전을 이루어
가는 데 도움이 된다. 나에게는 어떤 사랑의 언어가 필요한지 생각해 보자.

🎬 추천 영화

1. 패치 아담스(톰 새디악 감독, 1999)

스스로 정신병원에 찾아간 헌터 아담스는 그곳에서 다른 정신병자들을 보
면서 깨달음을 얻는다. 문제에 초점을 맞추지 말고 그 문제 너머를 보라는
아더의 충고에, 진정한 가치를 놓치고 있는 자신을 바라보게 된다. 이후 '상
처를 치유하다'라는 의미의 '패치'를 별명으로 사용하면서 '패치 아담스'로 거
듭난다.

진정한 마음의 상처도 치료하겠다는 각오로 늦은 나이에 의과대학을 다니
고 규정에 어긋나는 행동들로 인해 갈등을 겪기도 한다.

아담스는 가장 약한 순간에 있는 사람들에게 그들의 환상(꿈)에 대해 묻는
다. 보통 사람들은 환상(꿈)은 환상일 뿐 현실을 살아가라고 말하지만, 환상
만큼 아프고 힘든 순간에 고통을 잊고 아픔을 견디게 하는 가장 좋은 치료제
는 없다고 보는 것이다.

2. 소명 3: 히말라야의 슈바이처(신현원 감독, 2011)

세브란스 출신 1호 의료선교사로서 오지생활 30년을 바라보는 할아버지
의사(강원희 선교사) 부부의 감동 스토리이다.

그는 편안한 인생을 충분히 보낼 수 있었다. 하지만 숨이 차 걷기도 힘든

불편한 몸을 이끌고 병원이 없는 히말라야 중턱까지 오르내리며 하루에 100명이 넘는 환자를 돌보고 있다. 하루에 30여 명 환자를 보는 것도 힘들다는 한국 의사들과는 대조적으로. 그는 선교사이지만 진료하는 환자들에게 믿음을 강요하지 않는다. 그저 그 일을 감사함과 기쁨으로 감당할 뿐이다.

★ ★ ★ ★
참고자료

박성후(2010). 포커스 씽킹: 삶의 핵심을 꿰뚫는 책읽기. 서울: 경향미디어.
이창현(2017). 비전을 발견하고 디자인하라: 꿈을 반드시 이루는 세 가지 기법. 경기: 다연.

Chapman, G. D. (2010). 5가지 사랑의 언어(개정증보판)(장동숙, 황을호 공역). 서울: 생명의말씀사.
Covey, S. R. (2017). 성공하는 사람들의 7가지 습관(김경섭 역). 경기: 김영사.
Zelinski, E. J. (1997). 모르고 사는 즐거움(박주영 역). 서울: 중앙M&B.

〈소명 3: 히말라야의 슈바이처〉(신현원 감독, 2011)
〈패치 아담스〉(톰 새디악 감독, 1999)

천사의 바람 http://blog.1004baram.com/220844289551

활동지 12-1

☆ 벤처스타 TOP 10

TOP 10	내용	이유
10		
9		
8		
7		
6		
5		
4		
3		
2		
1		

활동지 12-2

☆ 벤처스타 고사!

	문제
1	
2	
3	
4	
5	
6	
7	
8	
9	
10	
11	

☆ 벤처스타 고사 답안지

	답안지
1	
2	
3	
4	
5	
6	
7	
8	
9	
10	
11	

활동지 12-3

자신에게 주는 상장 만들기

활동지 12-4

_____ 의 비전선언문

나 _____ 는

20   년   월   일

비전선포자   인

저자 소개

김세광(Kim Se Kwang)

* 꿈꿀 수 있는 용기를 주는 멘토, 도전정신 바이러스

명지대학교에서 청소년지도학 전공으로 교육학 석사와 박사 학위를 받았다. 현재 고신대학교에 재직 중이다. 한국청소년정책연구원의 연구에 참여하여 '청소년 멘토링을 위한 멘토 교육 프로그램 개발'(2012~2013), '청소년 시민성 역량 함양 프로그램 개발'(2013), '청소년 기업가 정신 함양 프로그램 개발'(2014), '청소년이 행복한 지역사회 구성방안'(2015~2017) 등을 연구해 오고 있다. 2012년부터 현재까지 지역사회의 비행청소년과 다문화청소년 등 소외 청소년을 위한 멘토링 프로그램 개발과 실행을 하고 있으며 청소년의 균형 있는 역량 개발을 지원하기 위한 멘토들을 양성하고 있다. 2014년에 공동연구로 참여한 '청소년 기업가 정신 함양 프로그램 개발'을 계기로 청소년 진로탐색과 창업역량 함양을 위한 프로그램을 실행하고 있으며 지속적으로 연구하고 있다.

주요 저서로는 『숨겨진 나 발견하기: 크자멘토링』(공저, YSM출판부, 2013), 『회복적 정의와 실제적 대처 방안을 중심으로 한 학교폭력 예방 및 대책』(공저, 학지사, 2014), 『청소년을 위한 멘토링의 이해와 실제』(공저, 학지사, 2014), 『청소년프로그램 개발과 평가』(공저, 신정, 2015), 『청소년 문제와 보호: 적극적 관점』(공저, 양성원, 2017) 외 다수가 있다.

현순안(Hyun Soon An)

* 학교 안 다니는 두 아들의 학교 다니는 엄마, 학교 밖 교실 가이드

고신대학교에서 기독교교육학 전공으로 교육학 석사 학위를 받고 부경대학교 교육컨설팅 전공 박사과정에 재학 중이다. 석사 학위 과정 중 김세광 교수와 여러 활동을 함께 진행하면서 벤처스타 프로그램 개발에 참여하게 되었다. 탈북청소년들의 한국생활 정착에 관심을 가지고 그들의 진로와 진학지도를 하면서 진로지도의 실제 현장 경험을 쌓았다. 특히 홈스쿨링하는 두 아들을 직접 지도하고 학교 밖 청소년들의 진로와 진학에 대한 실제 경험을 바탕으로 한 생동감 있는 프로그램 구성 역량이 탁월하다. 현재 교육컨설팅을 전공하고 있으며, 액션러닝과 창의적 문제해결을 위한 프로그램 개발 전문가로 활동 중이다.

청소년을 위한
기업가 정신과 진로·창업역량 개발
-벤처스타-

Program of Cultivate Youth Entrepreneurship
and their Business Startups Competence

-VENTURE STAR-

2018년 11월 1일 1판 1쇄 인쇄
2018년 11월 10일 1판 1쇄 발행

지은이 • 김세광 · 현순안
펴낸이 • 김진환
펴낸곳 • ㈜ 학지사
　　　　 04031 서울특별시 마포구 양화로 15길 20 마인드월드빌딩
대표전화 • 02-330-5114　 팩스 • 02-324-2345
등록번호 • 제313-2006-000265호

홈페이지 • http://www.hakjisa.co.kr
페이스북 • https://www.facebook.com/hakjisa

ISBN 978-89-997-1539-6　03370

정가 14,000원

저자와의 협약으로 인지는 생략합니다.
파본은 구입처에서 교환해 드립니다.

이 책을 무단으로 전재하거나 복제할 경우 저작권법에 따라 처벌을 받게 됩니다.

이 도서의 국립중앙도서관 출판시도서목록(CIP)은 서지정보유통지
원시스템 홈페이지(http://seoji.nl.go.kr)와 국가자료공동목록시스템
(http://www.nl.go.kr/kolisnet)에서 이용하실 수 있습니다.
(CIP 제어번호: CIP2018033313)

교육문화출판미디어그룹 학지사

심리검사연구소 인싸이트 www.inpsyt.co.kr
원격교육연수원 카운피아 www.counpia.com
학술논문서비스 뉴논문 www.newnonmun.com
간호보건의학출판 학지사메디컬 www.hakjisamd.co.kr